AF197083

GLÜCK

GLÜCK

50 ACHTSAMKEITS- UND
ENTSPANNUNGSÜBUNGEN
FÜR TÄGLICHE GLÜCKSGEFÜHLE

Dr. Arlene Unger
und Lona Eversden

Librero

Titel der Originalausgabe: *Happy*

© 2023 Librero IBP (für die deutschsprachige Ausgabe)
www.librero-ibp.com

© 2016 Quantum Books Ltd

Herausgeber: Kerry Enzor
Co-Autorin: Lona Eversden
Verantwortliche Redakteurin: Anna Southgate
Designer: Dave Jones
Redaktion: Philippa Wilkinson
Produktion: Zarni Win

Übersetzung aus dem Englischen:
Marlene Grois, Wien
Redaktion und Satz der deutschen Ausgabe: Print Company Verlagsges.m.b.H., Wien

Printed in China

ISBN: 978-94-6359-123-2

Alle Rechte vorbehalten. Nichts aus dieser Ausgabe darf ohne vorherige schriftliche Zustimmung des
Verlags elektronisch oder mechanisch vervielfältigt, gespeichert, veröffentlicht, fotokopiert oder
aufgenommen werden.

Hinweis
Weder Autorin noch Verlag übernehmen Verantwortung für eventuell aus der Anwendung der
Prinzipien und Techniken, die in diesem Buch vorgestellt werden, resultierende Schäden. Dieses
Buch eignet sich nicht zur Behandlung schwerwiegender gesundheitlicher Beschwerden. Wenden
Sie sich unbedingt an einen Arzt, wenn Sie sich in irgendeiner Weise unwohl fühlen oder sich über
Ihren Gesundheitszustand Sorgen machen.

MIX
Papier | Fördert
gute Waldnutzung
FSC® C008047
FSC
www.fsc.org

Inhalt

Einführung 6

Raus aus den Federn 12

Das Gute in der Welt sehen 40

Inneres Glück finden 68

Freude verbreiten 104

Glückliche Beziehungen aufbauen 126

Danksagung 160

EINFÜHRUNG

Wir alle wollen zufrieden sein und verbringen einen Großteil unseres Lebens mit dem Streben nach Glück. Wir suchen nach erfüllender Arbeit, wertschätzenden Partnern, einer unterstützenden und umsorgenden Familie, und Freunden, die uns zum Lachen bringen. Oder doch nicht? Überraschenderweise zeigen unser Lebensstil und unsere Handlungen eher, dass wir uns nicht hauptsächlich um Glück bemühen, sondern dass wir dieses anderen Bestrebungen, wie dem Geldverdienen und sozialem Status, opfern und Negatives, wie Unbehagen oder Langeweile, vermeiden.

Heutzutage gibt es, zumindest in der industrialisierten Welt, mehr Potenzial für individuelles Glück als jemals zuvor. Wir haben mehr Freiheiten, mehr Geld und mehr Möglichkeiten, als sich unsere Vorfahren je hätten träumen lassen. Theoretisch sollten wir also glücklicher sein als je zuvor. Doch für viele von uns fühlt sich das nicht so an. Menschen berichten ständig davon, wenig Freizeit und nicht genug Geld dafür zu haben, was sie wirklich machen wollen. Selbst wenn Geld keine Rolle spielt, führen materielle Besitztümer nicht zu echtem Glück. Fakt ist: Das moderne Leben ist stressig. Wir sind immer mehr durch Technologien und immer weniger mit der Natur verbunden; unsere Freundschaften zerstreuen sich und werden oberflächlicher, da wir online chatten, anstatt persönlich miteinander zu reden. Unsere Arbeitsplätze werden vermehrt von multinationalen Konzernen kontrolliert, die es uns erschweren, die direkten Ergebnisse unserer Arbeit zu erkennen. All dies hat zu einer Verschlechterung unserer geistigen Gesundheit geführt, weswegen über drei Viertel der Arztbesuche als stressbedingt eingeschätzt werden.

Glück 1, 2, 3

Was brauchen wir, um glücklich zu sein? Dafür gibt es kein einheitliches Rezept, da wir verschieden sind und aus unterschiedlichen Motiven handeln. Einige Psychologen definieren ein glückliches Leben jedenfalls als eines mit:

1. **Vergnügen**: Dinge aus purem Genuss tun.

2. **Sinnhaftigkeit:** Das Gefühl, dass sich unser Leben lohnt, und dass wir etwas bewirken.

3. **Verbundenheit**: Mit Freunden, Familie und unserer Gemeinschaft verbunden sein.

Das eigene Glück kontrollieren

Wir können nicht alle unsere Lebensumstände kontrollieren. Psychologen meinen, dass schon kleine Veränderungen unseres Alltags, unserer Ansichten und unserer Einstellungen einen bedeutenden Einfluss auf unser emotionales Wohlbefinden haben können. Schätzungsweise ist die Hälfte unseres Glücks von genetischen Faktoren bestimmt, zehn Prozent von unseren Lebensumständen und 40 Prozent von unseren täglichen Aktivitäten und anderen Faktoren, die wir unter Kontrolle haben.

Dieses Buch handelt von diesen 40 Prozent. Durch 50 inspirierende Übungen und Visualisierungen arbeiten Sie an Ihrem Glück. Sie können nur bestimmte Übungen machen oder es Kapitel für Kapitel durchlesen. Manche Übungen sind Soforthilfen, andere werden wie ein Kickstarter für ein neues Leben sein. Sie stützen sich auf geprüfte Studien und Therapien, darunter kognitive Verhaltenstherapie, Emotionales Gehirn-Training (EBT), Stressbewältigung durch Achtsamkeit (MBSR), Bestätigungen und Visualisierungen.

Meine Glückspunkte
Nehmen Sie sich kurz Zeit, um sich die Liste anzuschauen und Ihr Leben, jeweils anhand von 10 Punkten, zu bewerten.

Vergnügen .../10

Sinnhaftigkeit .../10

Verbundenheit .../10

Wenn Sie in einem Bereich deutlich weniger Punkte vergeben, können Sie einschätzen, worauf Sie sich konzentrieren sollten, um Ihr Glück allgemein zu steigern.

ZEHN **GLÜCKS-GEWOHNHEITEN** ZUM ÜBERNEHMEN

Glückliche Menschen schätzen die Gegenwart, anstatt in der Vergangenheit oder Zukunft zu leben. Hier zehn Wege, um glücklicher zu sein:

1 Umgeben Sie sich mit glücklichen Menschen.

2 Bevorzugen Sie Aktivitäten, bei denen Sie sich gut fühlen.

3 Übernehmen Sie Verantwortung für Ihr eigenes Glück und geben Sie nicht anderen die Schuld, wenn etwas schiefgeht.

4 Genug Schlaf, gesund essen, regelmäßig Sport machen.

5 Vergeben Sie sich Ihre kleinen Fehler.

6 Haben Sie Freude an kleinen Dingen.

7 Vergleichen Sie sich nicht mit anderen, sondern begrüßen Sie deren Erfolge.

8 Begeben Sie sich regelmäßig in die Natur.

9 Bleiben Sie, auch bei Rückschlägen, stark.

10 Beschenken Sie andere mit Freundlichkeit, Komplimenten und Spenden.

Wann Sie sich Hilfe suchen sollten

Wie in diesem Buch beschrieben, können wir durch Selbsthilfemaßnahmen unsere Stimmung heben und unser Wohlbefinden steigern. Doch wenn Ihre emotionalen Probleme andauern und ihr tägliches Leben, Ihre Beziehungen oder Ihre Arbeit beeinflussen, sollten Sie sich Hilfe be einem Arzt oder professionellen Therapeuten suchen.

Emotionales Gehirn-Training

Diese Therapie, oft mit EBT abgekürzt, basiert auf dem Gedanken, dass Stress die Muster des Gehirns verändert und mit der Zeit unser eigentliches Sein bestimmt. Sie bietet eine Vielzahl an Werkzeugen, um Schaltkreise im Gehirn, die mit Stress besetzt sind, zu erkennen und diese neu, mit positiven Gedanken, zu verknüpfen. Emotionales Gehirn-Training zielt darauf ab, das Belohnungszentrum des Gehirns auf positive Weise zu stimulieren. Durch regelmäßige Übung wird die bisherige Einstellung umgewandelt und auf Aufmerksamkeit und Freude ausgerichtet. Auch ein gesunder Lebensstil ist wichtig.

Kognitive Verhaltenstherapie

Kognitive Verhaltenstherapie (CBT) wird verwendet, um Depressionen und Angststörungen zu behandeln. Ähnlich wie emotionales Gehirn-Training konzentriert sie sich auf Probleme im Hier und Jetzt, anstatt die Vergangenheit zu durchforschen. Der Ursprungsgedanke dieser Therapie ist, dass wir unsere Gefühle und Handlungen verändern können, indem wir positives Denken üben. Dazu müssen wir negative Gedanken erkennen und infrage stellen und diese durch positivere, konstruktivere Gedanken ersetzen. Kognitive Verhaltenstherapie beinhaltet auch spezielle, stressreduzierende Techniken und konzentriert sich auf die Vorteile von Sport, gesunder Ernährung und ausreichendem Schlaf.

Stressbewältigung durch Achtsamkeit

Diese Therapie – kurz MBSR – bringt uns bei, uns auf die Gegenwart zu konzentrieren, ohne dabei von Selbstkritik oder Gedanken an Vergangenheit und Zukunft abgelenkt zu werden. „Im-Moment-Sein" ist eine wirksame therapeutische Methode, die Glücksgefühle, erwiesenermaßen, mit der Zeit vermehrt. Sowohl Achtsamkeit als auch Meditation ermutigen uns dazu, festzustellen, was in unserem Kopf und in unserem Körper vor sich geht. Das hilft uns dabei, Anzeichen von Stress oder Angst zu erkennen und besser mit ihnen umzugehen. Außerdem handeln wir dadurch weniger reaktionär.

Visualisierungen und Bestätigungen

Viele Übungen hier umfassen oder beinhalten Elemente von Visualisierung und Bestätigung.Wissenschaftler fanden heraus, dass wir auf ausgedachte Situationen genau so reagieren, wie auf echte. In einem Experiment stellte sich heraus, dass man tatsächlich Muskeln aufbaut, wenn man vor Augen hat, wie man Sport macht. Visualisierung kann auch dazu genutzt werden, die Stimmung zu heben und bei Entspannung zu helfen. Auch Bestätigungen können positives Denken fördern, indem kurze, positive Sätze wiederholt werden. Diese werden in der kognitiven Verhaltenstherapie verwendet. Einige finden sich in den Kapiteln dieses Buchs wieder.

Unten: Das Leben ist ein Balance-Akt. Die Übungen in diesem Buch werden Ihnen helfen, jeden Tag Glücksmomente zu erleben.

RAUS AUS
DEN FEDERN

Sind Sie eine Eule oder eine Lerche? Studien fanden heraus, dass Menschen, die sich als Frühaufsteher oder „Lerchen" bezeichnen, eine viel positivere Einstellung zum Leben haben als „Nachteulen". Sie übernehmen eher Verantwortung für ihr Leben, nutzen ihre Zeit, um sich Ziele zu setzen, und sind besser darin, Probleme anzugehen und klein zu halten. Ein Grund dafür ist, dass unsere Gesellschaft eher an Tageslicht und weniger an Dunkelheit orientiert ist, weshalb „Nachteulen" oft das Gefühl haben, sie befänden sich außerhalb des Rhythmus. Setzen Sie den Grundstein für Ihr Glück, indem Sie Ihren Tag früh beginnen. Nehmen Sie sich Zeit für Morgensport. Körperliche Betätigung ist eng mit unserem Glückslevel verbunden. Besonders die Bewegung in der Natur ist sehr wichtig für gute Laune, da man hier viel Sonnenlicht aufnehmen kann. Wenn Sie dafür Ihre Gewohnheiten ändern müssen, erstellen Sie einen Stundenplan. Halten Sie sich an bestimmte Schlafens- und Aufwachzeiten, um Ihre innere Uhr umzustellen, und versuchen Sie, jeden Tag eine halbe Stunde früher aufzustehen. Sie können sich darauf einstellen, dass sich Ihre Laune, auch mithilfe der Übungen aus diesem Buch, deutlich heben wird.

01 SONNENGRUSS

Schon in der Steinzeit wurde das Sonnenlicht verehrt. Beim Einbruch der Nacht betete man für sonnige Tage und am Morgen erfreute man sich an den heilenden Sonnenstrahlen. Aufgrund medizinischer Untersuchungen weiß man heute, dass Sonnenlicht gut für unser Immunsystem ist. Es regt die Ausschüttung der Neurotransmitter Serotonin und Oxytocin an, die unsere Laune verbessern. Die kognitive Verhaltenstherapie ist der Meinung, dass positive Gedanken über die Zukunft unsere Einstellung beeinflussen und verändern können. Diese Übung hilft Ihnen dabei, nach dem Aufwachen vom Sonnenlicht zu profitieren, genau wie unsere Vorfahren.

1 Achten Sie auf das Licht, dass in Ihr Schlafzimmer fällt, wenn Sie die Augen nach dem Aufwachen öffnen.

2 Öffnen Sie Ihre Vorhänge oder Rollläden, anstatt künstliches Licht aufzudrehen.

3 Stellen Sie sich ins Sonnenlicht und heißen Sie es willkommen. Lassen Sie die Wärme, das Licht und die positive Energie auf sich einströmen, während Sie sich dazu bereit machen, in den Tag zu starten.

WANN AM BESTEN

Diese Übung ist ideal, um den Tag zu beginnen. Gewöhnt man sich an, durch Sonnenlicht aufzuwachen, kann man davon ausgehen, jeden Tag bessere Laune zu haben.

02 DIE LIEBE SPÜREN

Wäre es nicht großartig, wenn wir aufwachen würden und Anerkennung bekämen für all die wundervollen Dinge, die wir in unserem Leben leisten? Wir alle verdienen jeden Morgen Applaus, ganz egal, ob wir selbst glauben, dass er uns zusteht. Unser Gehirn ist, laut emotionalem Gehirn-Training, auf Belohnung ausgerichtet und unser Bedürfnis nach Liebe und Dankbarkeit sollte nicht übersehen werden. Es ist absolut nachvollziehbar, Lob von anderen annehmen zu wollen. Probieren Sie diese Visualisierung jeden Morgen aus.

1 Bleiben Sie kurz nach dem Aufwachen noch etwas im Bett liegen. Stellen Sie sich vor, dass enge Familienmitglieder und Freunde im Raum sind. Hören Sie zu, wie sie Ihnen begeistert applaudieren, bevor Sie die Augen öffnen.

2 Öffnen Sie nun die Augen und blicken Sie in ihre lächelnden Gesichter. Stellen Sie sich mit einem breiten Lächeln vor Ihre Liebsten und öffnen Sie Ihre Arme zu einer großen Umarmung.

3 Sie sind nun bereit, ihre Liebe zurückzugeben. Verabschieden Sie sich mit Küssen von Freunden und Familie, bevor Sie das Schlafzimmer verlassen.

WANN AM BESTEN

Machen Sie diese Übung jeden Morgen einen Monat lang, bis der Applaus ein Teil von Ihnen wird. Erwachen Sie täglich mit mehr Spontaneität und Leichtigkeit.

Fünf Wege,
um früher aufzustehen

Platzieren Sie Ihren Wecker am anderen Ende des Zimmers, damit Sie wirklich aufstehen müssen, um ihn auszuschalten.

Lächeln Sie, sobald Sie Ihren Wecker hören

Sagen Sie:
„Ich liebe es, früh aufzustehen."

Haben Sie einen bequemen Morgenmantel in Reichweite, damit Ihnen nach dem Aufstehen warm bleibt.

Halten Sie Ihren Erfolg fest, und markieren Sie im Kalender, wenn es Ihnen gelingt, früh aufzustehen.

03 DIE ACHTSAME DUSCHE

Egal, wie beschäftigt Sie sind, es wird immer Augenblicke geben, in denen Sie den Moment genießen können. Zum Beispiel während des Duschens. Vielleicht wollen Sie so schnell wie möglich damit fertig sein, um zu anderen Dingen überzugehen. Mit mehr Achtsamkeit entdeckt man allerdings, dass Duschen eine Reihe an Eindrücken bietet, denen man sich hingeben kann. Dadurch wird es möglich, etwas Frieden am Morgen zu finden.

1 Nehmen Sie sich einen Moment Zeit, bevor Sie die Dusche aufdrehen, und beschließen Sie, sich in den nächsten Minuten auf nichts anderes zu konzentrieren. Richten Sie ihre gesamte Aufmerksamkeit auf das heutige Duscherlebnis.

2 Spüren Sie, wie das Wasser auf Sie herabfließt wie aus einem Wasserfall und achten Sie darauf, was Sie auf Ihrer Haut spüren: die Wärme, die Feuchtigkeit und den leichten Druck. Spüren Sie das nasse Haar auf Ihrem Kopf und die Berührung Ihrer Hände während des Waschens.

3 Achten Sie auf die Geräusche, die Sie hören. Das Zischen des Wassers, wenn es aus dem Duschkopf kommt und wie es auf Fliesen und Boden prasselt. Machen Sie sich auch andere Geräusche bewusst: das Quietschen der Shampoo-Flasche, und wie es klingt, wenn Sie Ihre Haare einschäumen.

4 Schauen Sie, welche Muster durch Wasser und Dampf auf den Wänden entstehen oder welche Farbe Seife und Shampoo haben.

WANN AM BESTEN

Jeden Morgen! Dadurch können ein paar meditative Momente in Ihren Alltag eingebracht werden. Wenn Sie nicht alleine wohnen, bitten Sie die anderen darum, Sie während dieser Zeit nicht zu stören.

5 Achten Sie auch auf die Düfte während des Duschens. Riecht Ihre Seife nach Früchten oder nach Kräutern? Bemerken Sie den Duft Ihrer Haut.

6 Sie werden gelegentlich feststellen, dass Ihre Aufmerksamkeit abschweift. Konzentrieren Sie sich erneut auf die Geräusche, Empfindungen und Düfte, die Sie in diesem Moment umgeben, sobald sie das bemerken.

7 Wenn Sie mit dem Duschen fertig sind und das Wasser abdrehen, achten Sie darauf, wie sich diese Aktion anfühlt. Treten Sie vorsichtig aus der Dusche. Trocknen Sie sich sanft mit einem weichen Handtuch ab. Halten Sie kurz inne und nehmen Sie wahr, wie sich das anfühlt und anhört.

8 Nehmen Sie sich einen Moment Zeit, um tief einzuatmen, bevor Ihr Tag weitergeht.

ES GEHT AUCH KALT

Eine kalte Dusche am Morgen wird Ihren Körper so richtig aufwecken. Der Kälteschock lässt Sie tiefer einatmen und bringt Ihr Herz dazu, schneller zu schlagen. Der Körper versucht dadurch, mehr Sauerstoff aufzunehmen, um sich warm zu halten. Sie werden sofort mehr Energie haben, was für gute Laune sorgt. Forschungen zeigen, dass kalte Duschen das Immunsystem stärken.

BLUMEN BEWUNDERN

Von Blumen umgeben zu sein, macht uns glücklich, sagen Forscher der Harvard-Universität. Es gibt noch viele weitere Studien, die den positiven Effekt von Blumen auf unser Wohlbefinden bestätigen. Hier sehen Sie, wie Sie sich selbst mit Blumen beglücken können.

1 Stellen Sie Schnittblumen in ihre Küche. Hier verbringt man meistens den Morgen. Der Anblick eines Blumenstraußes hilft Ihnen dabei, weniger ängstlich, dafür aber positiver und mitfühlender zu sein. Da die Küche ein Ort des Zusammenseins ist, werden auch andere Menschen davon profitieren.

2 Wenn Sie einen Garten haben, gehen Sie jeden Morgen kurz hinaus und betrachten Sie Ihre Blumen, bevor Sie zur Arbeit gehen. Oder frühstücken Sie an einem Fenster, von dem aus Sie Ihre Pflanzen sehen können. Sollten Sie keinen Garten haben, können Sie eine Pflanzenkiste vor Ihrem Fenster aufhängen.

3 Alternativ dazu, können Sie Ihre Augen schließen und sich für ein paar Minuten einen wunderschönen Blumenstrauß vorstellen. Versuchen Sie dies so detailliert wie möglich. Stellen Sie sich auch vor, wie sich die Blüten anfühlen und wie die Blumen riechen.

WANN AM BESTEN

Beschäftigen Sie sich jeden Morgen mit der Schönheit der Blumen, um sich auf einen fröhlichen Tag vorzubereiten.

BLUMEN-FÜRSORGE

Um möglichst lange etwas von Ihren Blumen zu haben, beschneiden Sie die Stängel und geben Sie etwas Pflanzenfutter ins Wasser.

POSITIVE BESTÄTIGUNG

Ich glaube an mich

05   ES SAGEN UND GLAUBEN

Kann man sich selbst einreden, glücklich zu sein? In der kognitiven Verhaltenstherapie glaubt man, dass dies sehr wohl möglich sein kann, und zwar in Form von positiver Bestätigung. Wenn man sich bewusst für selbst-bejahende Gedanken entscheidet, kann man negative Denkmuster loswerden. Unsere Einstellung zum Leben kann sich dadurch mit der Zeit verbessern, was wiederum unser Selbstwertgefühl verändert. Versuchen Sie, mithilfe dieser Tipps, eigene positive Bestätigungen zu formulieren.

1 Nehmen Sie etwas Negatives, das Sie sich angewöhnt haben, über sich selbst zu denken. Wie etwa: „Ich bin so schlecht darin, neue Leute kennenzulernen." Oder: „Ich bin langweilig."

2 Schreiben Sie einen Satz auf, der dem entgegenwirkt: „Es fällt mir schwer, neue Leute kennenzulernen, deshalb muss ich mich mehr darum bemühen." Die Aussage soll positiv und in der Gegenwart formuliert sein und die Wörter sollen Ihnen etwas bedeuten.

3 Wiederholen Sie Ihre positive Bestätigung zehnmal jeden Morgen und mehrmals tagsüber. Atmen Sie davor jedes Mal tief ein und sprechen Sie voller Überzeugung. Sie können Ihre positive Bestätigung auch singen. Vielen fällt es dadurch leichter, in Verbindung mit sich selbst zu treten. Glauben Sie an sich!

WANN AM BESTEN

Positive Bestätigungen wirken am besten, wenn sie jeden Tag mehrmals wiederholt werden. Schreiben Sie Ihre positive Bestätigung auf einen Zettel und geben sie ihn in Ihre Brieftasche. Jedes Mal, wenn Sie diese zur Hand nehmen, wird Ihnen Ihre kleine Notiz auffallen und Sie daran erinnern, sich selbst Mut zuzusprechen.

06 SELBSTBEWUSST AUFTRETEN

Achten Sie einmal darauf, wie Sie stehen oder sitzen, wenn Sie sich schlecht fühlen. Unglückliche Menschen neigen dazu, eine gekrümmte Haltung einzunehmen. Umgekehrt kann eine schlechte Haltung auch Traurigkeit hervorrufen. Psychologen nennen das „Embodiment" oder Verkörperung. Hier haben Sie eine Methode, mit der Sie Ihren Körper dazu bewegen können, Ihre Stimmung zu heben.

1 Suchen Sie sich eine Wand und achten Sie darauf, dass Sie diese mit Ihren Fersen, Ihrem Becken und Ihren Schultern berühren. Ihr unterer Rücken macht naturgemäß ein Kurve nach innen und sollte daher nicht mit der Wand in Kontakt kommen.

2 Neigen Sie Ihren Kopf leicht nach unten und achten Sie darauf, dass auch er nicht die Wand berührt. Stellen Sie sich vor, aufrecht zu stehen, wie eine Giraffe.

3 Bleiben Sie 20–30 Sekunden in dieser Stellung. Machen Sie dann ein paar Schritte von der Wand weg, ohne Ihre Körperhaltung zu verlieren. Gehen Sie noch ein bis zwei Minuten auf und ab. Danach können Sie sich wieder hinsetzen.

WANN AM BESTEN

Jeden Morgen, bevor Sie das Haus verlassen, können Sie diese Übung machen. Versuchen Sie, aufrecht zu bleiben, wenn Sie in den Tag starten.

MEINE TO-DO-
LISTE

Arbeit

·

·

·

·

Zuhause/Familie

·

·

·

Nur für mich

·

·

·

07 POSITIVES PLANEN

Wachen Sie morgens oft mürrisch auf? Nutzen Sie diese Art des Planens aus der kognitiven Verhaltenstherapie, um fixe Zeiten für Ihre Selbstfürsorge festzulegen. Jetzt haben Sie etwas, worauf Sie sich freuen können. Auf die eigenen Bedürfnisse zu achten, ist der Schlüssel dazu, sein Glück voll auszuschöpfen. Die To-do-Liste auf der linken Seite kann als Vorlage dienen .

1 Stellen Sie Ihren Wecker so ein, dass Sie fünfzehn Minuten früher als notwendig aufwachen. Sie können nun den Morgen genießen und müssen sich nicht so sehr beeilen. Setzen Sie sich und trinken Sie Ihren Tee oder Kaffee in aller Ruhe. Sie können auch meditieren oder Musik hören (siehe Seite 58–61).

2 Gewöhnen Sie sich eine Morgenroutine an. Achten Sie darauf, dass sie jeden Tag gleich bleibt. Je weniger Entscheidungen Sie morgens treffen müssen, desto weniger Stress haben Sie. Richten Sie Ihre Sachen schon am Vorabend her und überlegen Sie, was Sie am nächsten Morgen frühstücken möchten.

3 Ihre Morgenroutine sollte auch etwas enthalten, auf das Sie sich jeden Tag freuen. Listen können unseren Alltag bestimmen. Nehmen Sie sich daher, wie im Beispiel links, Zeit für Dinge, die Ihnen Spaß machen.

WANN AM BESTEN

Diese Angewohnheiten sollten zur Morgenroutine werden. Sie helfen Ihnen dabei, jeden Tag erfreuliche Momente zu erleben.

o8 SÜSSE TRÄUME

Ausreichend Schlaf ist absolut unerlässlich, um glücklich zu sein. Zahlreiche Studien haben herausgefunden, dass ein direkter Zusammenhang zwischen gut schlafen und guter Laune besteht. Bereits durch eine Stunde mehr Schlaf fühlt man sich erheblich glücklicher und gesünder. Versuchen Sie Folgendes, um genügend Schlaf zu bekommen.

1 Planen Sie, pro Nacht, mindestens sieben Stunden Schlaf ein. Der durchschnittliche Brite schläft weniger, obwohl das die von der Royal Society for Public Health empfohlene Stundenanzahl ist. Finden Sie heraus, wie viel Zeit Sie zum Aufstehen und umgekehrt zum Schlafengehen benötigen, um festzustellen, wann Sie ins Bett gehen sollten.

2 Bewegung an der frischen Luft hilft Ihnen, Ihre innere Uhr einzustellen. Ein 30-minütiger Spaziergang um die Mittagszeit wäre hierfür ideal.

3 Dimmen Sie das Licht eine Stunde bevor Sie zu Bett gehen und schalten Sie alle elektronischen Geräte aus, inklusive Handys und Tablets. Das Licht, das diese Geräte ausstrahlen, lässt den Körper glauben, es sei Tag, und blockiert die Produktion des Schlaf-herbeiführenden Hormons Melatonin.

4 Kognitive Verhaltenstherapeuten glauben, dass es wichtig ist im Bezug auf Schlaf realistisch zu bleiben. Falls Sie zu Übertreibungen neigen („Ich kann nie schlafen." oder „Ich war die ganze Nacht wach."), formulieren Sie hilfreiche, passende Gedanken dazu („Ich bin nicht sicher, wie ich heute Nacht schlafen werde, aber ich lasse es auf mich zukommen.").

WANN AM BESTEN

Versuchen Sie, jede Nacht um die gleiche Zeit schlafen zu gehen und jeden Morgen um die gleiche Zeit aufzustehen. Eine konsequente Routine hilft Ihnen, gute Schlafgewohnheiten zu entwickeln.

KEINE SORGE!

Angst vor dem Schlafen-gehen führt dazu, dass Sie sich nicht ausreichend entspannen können. Machen Sie etwas, dass Sie beruhigt, wie Malen oder Meditieren, wenn Sie nicht abschalten können. Gehen Sie wieder ins Bett, sobald Sie sich müde fühlen.

09 KREATIVITÄT

Nehmen Sie sich am Morgen Zeit für Kunst. Es gibt Beweise dafür, dass Kreativität glücklich macht. Die Konzentration, die für Zeichnen und Malen benötigt wird, bringt Sie in einen Zustand, den der Psychologe Mihaly Csikszentmihalyi, „Flow" nennt. Diese wunderbare Mal-Übung ist ein schöner Anfang.

WANN AM BESTEN

Malen können Sie zu jeder Tageszeit. Morgens ist eine gute Gelegenheit, um mit Kreativität zu beginnen. Kunst zu machen kann Angstgefühle reduzieren und Selbstbewusstsein fördern.

1 Suchen Sie einige Mal-Utensilien zusammen. Sie können Buntstifte oder Filzstifte verwenden (Legen Sie bei Filzstiften ein extra Blatt unter das Muster, damit sich die Farbe nicht durchdrückt).

2 Nehmen Sie sich kurz Zeit und atmen Sie ein. Denken Sie daran: Die nächsten Minuten sind dazu da, um sie zu genießen. Stellen Sie sich einen Wecker, damit Ihnen genug Zeit zum Fertigmachen bleibt.

3 Schauen Sie Ihre Stifte an und wählen Sie eine Farbe, die Ihnen zusagt. Denken Sie nicht zu viel darüber nach. Folgen Sie Ihren Instinkten! Beginnen Sie, ein kleines Stück des Musters auszumalen, und freuen Sie sich über den Genuss des Malens.

Umblättern: Machen Sie die Mal-Übung auf der übernächsten Seite.

DAS GUTE IN DER WELT SEHEN

Auch an trüben Tagen gibt es Glücksmomente. Für die meisten Menschen wäre es möglich, jeden Tag Freude zu empfinden, wenn sie es nur zulassen würden.

Viele von uns haben allerdings eine negative Sicht auf die Dinge. Wir heben Schlechtes hervor und spielen Gutes herunter. Das ist ein automatischer Mechanismus negativen Denkens, den die kognitive Verhaltenstherapie benennen möchte. Wir können unser Gehirn darauf trainieren, optimistischer und offener zu sein, indem wir uns das Positive bewusst machen.

In diesem Kapitel finden Sie inspirierende Übungen, um genau das zu tun. Andere helfen Ihnen, Wege achtsamer zu beschreiten. Wenn Sie in der Gegenwart leben und die Dinge so nehmen, wie sie kommen, wird es Ihnen leichter fallen, kleine Glücksmomente, wie warme Sonnenstrahlen oder den ersten Schluck Kaffee, zu genießen.

Mehr noch. Sobald wir unsere volle Aufmerksamkeit auf das richten, was wir gerade tun, können wir Sorgen und Stress loslassen und das Gute in unserer Umgebung wahrnehmen. Hierbei handelt es sich nicht nur um ein praktisches Werkzeug, sondern um eine Einstellung, die das Leben zum Besseren verändern kann.

10 DIE NATUR LIEBEN

Achtsam sind wir dann, wenn wir entdecken, dass Glück auch darin besteht, sich im Hier und Jetzt aufzuhalten, wenn wir uns unserer Erfahrungen bewusst werden und im Moment leben. Achtsamkeit braucht Konzentration, und es gibt viele Möglichkeiten diese zu verbessern. Probieren Sie es einmal mit dieser kurzen Übung. Sie wird nicht nur Ihre Beobachtungsgabe schärfen, sondern Ihnen außerdem dabei helfen, kleine, erfreuliche Details zu erkennen, die in Ihrer Welt existieren.

1 Legen Sie etwas aus der Natur vor sich auf den
Tisch. Das kann eine Blume, ein Blatt, eine Muschel
oder ein Tannenzapfen sein. Betrachten Sie es und
achten Sie auf seine Form, seine Farben, wie das Licht
darauf fällt und ob es gemustert ist. Nehmen Sie sich
dafür ein bis zwei Minuten Zeit. Sollten Sie gedanklich
abschweifen, akzeptieren Sie es einfach und konzentrieren Sie sich wieder auf Ihr Objekt.

2 Nehmen Sie den Gegenstand in die Hand.Wie
fühlt er sich an? Ist er eher rau oder glatt? Weich
oder hart? Schwer oder leicht? Achten Sie eine
Minute lang nur auf das, was sie spüren und wie
unterschiedlich das sein kann.

WANN AM BESTEN

Sie können diese Übung
gelegentlich machen oder in
Ihren Tagesablauf integrieren.

3 Atmen Sie den Duft des Objekts ein. Die meisten
Dinge aus der Natur haben ein besonderes
Aroma. Was fällt Ihnen an diesem hier auf? Lassen Sie
sich noch eine Minute lang Zeit, um an Ihrem Objekt
zu riechen, es anzufassen und anzuschauen. Erfreuen
Sie sich an all seinen Aspekten. Danach können Sie es
auf den Tisch zurücklegen.

4 Öffnen Sie Ihr Blickfeld und nehmen Sie Notiz von
dem, was sich Sie vor Ihnen, aber auch um Sie
herum befindet. Schauen Sie sich um. Was sehen Sie?
Wenn Sie alles wahrgenommen haben, beenden Sie
die Übung in aller Ruhe.

11 LICHTBLICK

Diese Visualisierung können Sie nutzen, wann immer Sie sich, aufgrund tragischer Weltgeschehnisse, deprimiert fühlen. Sie ist inspiriert vom viel zitierten Ratschlag des amerikanischen Fernsehstars Mr. (Fred) Rogers. Seine Mutter riet ihm, „nach Helfern zu suchen", wenn er beängstigende Nachrichten im Fernsehen sah.

1 Schließen Sie die Augen. Machen Sie es sich gemütlich und entspannen Sie, so gut Sie können. Diese Übung können Sie im Sitzen oder Stehen machen, je nachdem, was sich für Sie richtig anfühlt.

2 Stellen Sie sich das Ereignis, das Sie beschäftigt, als dunkle, bedrückende Wolke am Himmel vor. Haben Sie das Bild so detailliert wie möglich vor Augen. Sehen Sie, an welchen Stellen sie dichter wirkt und dunkle Flecken hat und wo sie eher hell zu sein scheint.

3 Stellen Sie sich jetzt vor, dass Sie einen Wolkenteil erblicken, der auffallend dünner und heller ist als die anderen. Während Sie Ihn anschauen, erkennen Sie, dass dahinter die Sonne hervorblickt. Diese durchbricht nun die Wolke und silbernes Licht kommt zum Vorschein. Beim Anblick dieses schönen Lichts wird Ihnen bewusst, dass es, selbst in dunklen Zeiten, Lichtstrahlen gibt.

WANN AM BESTEN

Machen Sie die Übung, wann immer es Ihnen nötig erscheint. Weniger bedrückende Nachrichten zu konsumieren, ist sicherlich eine gute Idee, vor allem, wenn man sich abends etwas entspannen möchte. Vermeiden Sie Fernsehsender, die hauptsächlich reißerische Geschichten zeigen.

12 SCHLAGEN SIE EIN NEUES KAPITEL AUF

Routine gibt unserem Tag Struktur. Sie kann uns aber auch den Zugang zu den kleinen Wundern des Lebens verwehren. Achtsam sein, bedeutet, die Einzigartigkeit jedes Moments zu erleben. Das erhöht unsere Chance auf Glück. Neue Erfahrungen holen uns heraus aus unserem alten Trott, was wiederum unsere Achtsamkeit stärkt. Diese drei Tipps sorgen für kreative Unterbrechungen und schalten Ihren Autopilot ab.

WANN AM BESTEN

Brechen Sie mit alten Gewohnheiten. Versuchen Sie jeden Tag etwas Neues, um aufmerksam zu bleiben.

1 Wie ist Ihr Tagesablauf? Nehmen Sie jeden Tag denselben Weg zur Arbeit? Sitzen Sie immer im selben Sessel, wenn Sie fernsehen? Wenn wir Dinge immer wieder auf die gleiche Weise machen, ist es schwierig, aufmerksam zu bleiben. Machen Sie heute nur eine Sache anders. Nehmen Sie sich Zeit, um zu beobachten, wie sich Ihre Erfahrung dadurch, Stück für Stück, verändert.

2 Versuchen Sie, Tätigkeiten mit Ihrer schwächeren Hand durchzuführen, wie Zähneputzen, Rasieren oder Essen. Sie werden erkennen, wie komplex diese Aktionen sind, und sie mit mehr Aufmerksamkeit erledigen.

3 Schauen Sie in Ihren Kleiderschrank. Erkennen Sie gewisse Muster? Kaufen Sie ein neues Kleidungsstück, das sich von Ihren übrigen in Farbe oder Schnitt unterscheidet. Achten Sie darauf, wie Sie sich fühlen, wenn Sie es das erste Mal tragen.

Jeder Tag
bringt
neue
Entdeckungen

13 SCHÖNES IN SICH AUFNEHMEN

Im Laufe unseres Lebens kommen wir alle mit Schmerz, Verlust und Leid in Kontakt. In solchen Momenten bedarf es besonderer Anstrengung und eines starken Willens, um Freude zu finden. Sich wiederholt positiven Reizen auszusetzen, ist eine Strategie der kognitiven Verhaltens-psychologie, die uns dabei hilft, positiv zu denken. Wenn wir täglich etwas tun, das die natürliche Schönheit der Welt verstärkt, werden wir eher nach Liebenswürdigem Ausschau halten und uns glücklicher fühlen. Beginnen und beenden Sie jeden Tag, indem Sie die Schönheit der Welt in sich aufnehmen.

1 Achten Sie auf Vogelgezwitscher, wenn Sie draußen spazieren gehen.

2 Nehmen Sie den süßen Duft der Blumenbeete und Büsche, an denen Sie vorübergehen, in sich auf.

3 Richten Sie Ihren Blick gelegentlich auf den herrlichen Himmel und betrachten Sie die beeindruckenden Wolkenbilder.

4 Gehen Sie am Ende des Tages hinaus und beobachten Sie den Sonnenuntergang.

WANN AM BESTEN

Machen Sie diese Übung dreimal pro Woche, einen Monat lang. Nach und nach wird Ihnen klar werden, dass ein Leben voller Freude möglich ist, sogar in schweren Zeiten. Sie werden sich langsam erholen, wieder auf die Beine kommen und noch mehr Freude in der Welt sehen.

14 WALDBADEN

Versuchen Sie es mit einem „Waldbad", wenn Sie sich wieder einmal niederge-schlagen fühlen. So bezeichnet man in Japan die Zeit, die man zu Therapie-Zwe-cken im Wald verbringt. Von Natur umgeben zu sein, macht uns glücklicher und gleichzeitig fühlen wir uns gesünder. Einen besonders positiven Effekt scheint sie auf unser seelisches Wohlbefinden zu haben. Waldbaden steigert erwiesenerma-ßen unsere Vitalität und verringert negative Gefühle, wie Angst und Wut.

1 Bei dieser Übung geht es darum, Entspannung zu finden und viel Zeit im Wald zu verbringen. Nehmen Sie sich vor, jeden Tag 2,5 bis 5 km durch den Wald zu spazieren.

2 Geben Sie sich Ihren Sinneserfahrungen hin, sobald Sie in den Wald eintreten. Achten Sie auf das Zwitschern der Vögel und das Knirschen von Geäst unter Ihren Füßen. Berühren Sie die Bäume im Vorbeigehen. Nehmen Sie die wunderschönen Grün- und Brauntöne der Natur wahr und atmen Sie den herrlichen Duft des Waldes ein.

3 Nehmen Sie Rücksicht auf die Bedürfnisse Ihres Körpers. Wenn Sie sich müde fühlen, suchen Sie sich ein Fleckchen, das Ihnen zusagt, setzen Sie sich nieder und lassen Sie einfach die Schönheit der Natur auf sich wirken.

WANN AM BESTEN

Machen Sie diese Übung, wenn Sie Zeit dafür finden – wöchent-lich oder monatlich, je nach Entfernung des nächsten Walds.

IM PARK

Nehmen Sie sich zumindest einmal in der Woche Zeit für ein „Mini-Waldbad" und machen Sie einen Spaziergang durch den nächstgelegenen Park.

TOP-FÜNF-WEGE,
um mehr Zeit draußen zu verbringen

Gehen Sie jeden Tag mit Ihrem Partner, Freund oder Hund spazieren.

Begeben Sie sich mehr unter Leute, wenn Sie draußen sind: Nehmen Sie an Picknicks, Wanderungen oder Radtouren teil.

Machen Sie Sport in der Natur.

Setzen Sie sich jeden Tag in den Park, um ein Buch zu lesen, zu stricken oder zu malen.

Machen Sie jeden Tag ein Foto und halten Sie fest, wie sich die Jahreszeiten ändern.

15 EIN HERZLICHES WILLKOMMEN

Gibt es etwas Schöneres als einen treuen Begleiter zu haben, der einen an der Tür begrüßt? Leider werden nicht alle von uns jeden Tag überschwänglich begrüßt. Wenn wir allerdings die Technik der kognitiven Neubewertung aus der kognitiven Verhaltenstherapie anwenden, kann unser Gehirn dazu angeregt werden, negative Erwartungen durch positive Gedanken zu ersetzen. Versuchen Sie sich, mithilfe dieser Visualisierung, daran zu erfreuen, dass Ihre Anwesenheit willkommen geheißen wird.

1 Wir alle haben schon Hunde vor Freude durchdrehen sehen, sobald sie wieder mit ihrem Herrchen oder Frauchen vereint waren. Versuchen Sie sich vorzustellen, wie es wäre, wenn Sie, jedes Mal, wenn Sie zur Tür hereinkommen, ebenso aufgeregt begrüßt werden würden.

2 Wenn Sie das nächste Mal den Schlüssel im Schloss umdrehen, stellen Sie sich vor, dass ein imaginärer, treuer Freund auf der anderen Seite der Tür wartet und freudig mit dem Schwanz wedelt.

3 Nehmen Sie die positive Energie wahr, die Sie erfüllt, während Sie zur Tür hereinkommen.

WANN AM BESTEN

Nehmen Sie sich zumindest dreimal pro Woche Zeit, um diese Übung auszuprobieren, bevor Sie die Tür öffnen. Mit der Zeit werden Sie bemerken, wie Sie zunehmend fröhlichen, einladenden Gesichtern begegnen.

16 MAL REINHÖREN

Sie können Ihre Stimmung heben, indem Sie einfach mitreißende Musik hören. Eine Studie der Universität von Missouri fand heraus, dass sich der Dopamingehalt bei Menschen, die beschwingte Musik hören, erhöht, was Auswirkungen auf zwei Gehirnareale hat. Das erste Areal ist mit Vergnügen (dem äußeren Striatum) und das zweite mit Erwartungen (dem Frontal-Striatum) verknüpft. Machen Sie diese Musik-Achtsamkeitsübung, um herauszufinden, ob Sie ebenfalls zu solchen Ergebnissen kommen.

1 Wählen Sie ein fröhliches Lied aus. Sie können entweder zu Ihrer eigenen Sammlung greifen oder sich einer Musik-Streaming-Plattform im Internet bedienen.

2 Hören Sie Musik in einem Zimmer, in dem kaum andere Geräusche vorhanden sind. Räumen Sie Dinge weg, die Sie ablenken könnten. Lesen Sie nicht und schauen Sie nicht auf Ihr Handy, während Sie Musik hören.

3 Machen Sie es sich bequem und atmen Sie ein paar Mal tief ein, bevor Sie die Musik aufdrehen. Denken Sie daran, dass Sie Musik hören, damit Sie sich selbst besser fühlen. Sich diese Absicht bewusst zu machen, ist ein wichtiger Bestandteil der Übung.

WANN AM BESTEN

Machen Sie die Übung jeden Tag einige Wochen lang. Wechseln Sie die Musik von Zeit zu Zeit. Dies kann eine wunderbare Ergänzung zu Ihrer Morgen- oder Abendroutine sein.

AUFMERKSAM SEIN

Die Übung funktioniert nur, wenn Sie sich die Musik bewusst anhören und sich im Klaren darüber sind, dass Sie dies tun, um Ihre Stimmung zu heben.

4 Tauchen Sie richtig in die Musik ein, sobald sie läuft. Manchmal werden Sie vielleicht von Gedanken oder Gefühlen abgelenkt. Bringen Sie Ihre Aufmerksamkeit langsam wieder zur Musik zurück, wenn Ihnen das auffällt. Egal, wie oft es passiert.

5 Denken Sie daran, dass Musik Erinnerungen hervorrufen und alte Geschichten wieder zum Vorschein bringen kann. Auch hier: Richten Sie Ihre Aufmerksamkeit wieder ganz auf die Musik, sobald Sie das bemerken.

6 Nehmen Sie sich am Ende des Liedes Zeit, um im Moment zu bleiben. Lassen Sie Ihre Augen geschlossen und atmen Sie ruhig.

7 Spüren Sie nach, wie Sie sich fühlen. Machen Sie sich keine Sorgen, falls sich Ihre Stimmung nicht verändert hat. Sich den Kopf darüber zu zerbrechen, ob die Übung funktioniert, kann kontraproduktiv sein.

WELCHE MUSIK?

Wählen Sie ein Musikgenre, das Ihnen gefällt. Achten Sie unbedingt darauf, dass es ein schwungvolles Tempo hat, damit es Ihre Stimmung hebt.

POSITIVE BESTÄTIGUNG

Musik
macht
mich

glücklich

17 KOPF HOCH

Wenn Sie Stunden lang nur am Computer arbeiten, bemerken Sie vielleicht, wie es mit Ihrer Stimmung immer mehr bergab geht. Laut Forschungen der San Francisco State University haben wir eher negative Gedanken, wenn wir unseren Blick senken, und eher positive, wenn wir ihn heben. Versuchen Sie Folgendes, um sich daran zu erinnern, auch einmal vom Papier oder Bildschirm aufzublicken.

1 Platzieren Sie inspirierende Botschaften und schöne Bilder oberhalb Ihrer Augenhöhe. Gehen Sie sicher, dass sie sich innerhalb Ihres Blickfelds befinden, wenn Sie am Schreibtisch sitzen. Sobald Sie den Kopf heben, um sie zu sehen, wird sich Ihr Körper durch die Bewegung automatisch aufrichten.

2 Schauen Sie ab und zu in den Himmel, wenn Sie in die Arbeit oder nach Hause gehen. Egal, ob der Himmel grau oder blau ist, seine schiere Unendlichkeit kann Sie emotional aufbauen.

3 Verlassen Sie während der Mittagspause das Büro und gehen Sie spazieren, um ein bisschen Zeit unter freiem Himmel zu verbringen. Natürliches Licht kann Ihre Stimmung heben. (Siehe Seite 16–17).

WANN AM BESTEN

Richten Sie Ihren Blick regelmäßig nach oben. Wenn Sie im Sitzen arbeiten, stehen Sie, so oft Sie können, auf, um sich zu strecken und Ihre Perspektive zu wechseln. Kreisen Sie mit Ihrem Kopf langsam hin und her, damit Sie die Decke und den Boden sehen können.

18 DAS POSITIVE FINDEN

Sich zu beschweren kann eine verzerrte und störende Art des Denkens sein und zur Gewohnheit werden. Beim emotionalen Gehirn-Training ist es unser Ziel, den Hang zum Negativen durch einen Hang zum Positiven zu ersetzen. Unsere Gehirne sind flexibel. Sie können lernen, Informationen, die sie durch unsere Sinne erhalten, auf neue Art und Weise zu verarbeiten. Probieren Sie diese beiden Techniken aus, um Ihr Gehirn „umzuschalten" und es auf positive Dinge im Leben einzustellen.

1 Machen Sie regelmäßig Pausen. Denken Sie an etwas Gutes, das in der letzten Stunde passiert ist. Das kann etwas ganz Unscheinbares sein, wie die Tasse Tee, die Sie vorher getrunken haben, oder etwas Größeres. Zum Beispiel eine gewisse Klarheit oder Wertigkeit, die Sie in Bezug auf sich selbst fühlen. Sollte Ihnen gar nichts einfallen, stehen Sie auf, entspannen Sie Ihren Körper und atmen Sie einmal tief ein und aus. Genießen Sie diesen kleinen Moment der Erholung und bemerken Sie, wie gut er sich anfühlt.

WANN AM BESTEN

Nach Positivem zu suchen, ist eine inspirierende Angewohnheit. Machen Sie diese Übung daher jeden Tag.

2 Suchen Sie nach drei Dingen, die Ihnen gefallen, sobald Sie einen Raum betreten – ein schönes Bild, das natürliche Holzmuster des Tisches oder bunte Lichterketten. Sie können das sowohl bei sich zu Hause ausprobieren als auch in Räumen, die Sie noch nie zuvor betreten haben. Es kann ebenfalls eine gute Übung sein, wenn Sie in die Arbeit kommen.

19   STERNE BETRACHTEN

Diese Art zu meditieren bringt unser Gehirn dazu, damit aufzuhören, in allem, was wir sehen, Ordnung finden zu wollen. Die Welt in ihrer ganzen Größe wertzuschätzen, lehrt uns, mehr Respekt vor ihr zu haben. Wir konzentrieren uns mehr auf das große Ganze, anstatt nur auf unsere eigenen Bedürfnisse, was wiederum unser Glücksgefühl steigert.

WANN AM BESTEN

In regelmäßigen Abständen. Dem Mond bei seinem monatlichen Kreislauf zuzusehen, kann wunderbar sein, um in Einklang mit dem Rhythmus unseres Planeten zu kommen. Sie können diese Übung auch gelegentlich machen, um unvoreingenommener über Ihren Platz in der Welt und den Platz der Welt im Universum nachzudenken.

1 Breiten Sie in einer klaren Nacht draußen eine Decke draußen auf. Legen Sie sich auf den Rücken und entspannen Sie ein paar Minuten. Atmen Sie tief.

2 Schauen Sie sich den Mond so lange wie möglich ohne Zwinkern. Ihr Blick soll ruhig bleiben. Werden Sie sich jeglicher Tendenz bewusst, Formen und Muster auf den dunklen Stellen erkennen zu wollen. Versuchen Sie, den Mond als faszinierendes Objekt wahrzunehmen, das Sie vorher nie so genau beobachtet haben.

3 Schauen Sie sich eine Sternengruppe an, ohne eine Konstellation erkennen zu wollen. Nehmen Sie sowohl die Abstände zwischen den Sternen als auch die Sterne selbst wahr. Erweitern Sie langsam Ihren Blick, um so viel vom Himmel zu sehen wie möglich. Lassen Sie die Schönheit und Weite des Universums so lange auf sich wirken, wie es für Sie angenehm ist.

Versuchen Sie's: Malen Sie das Stern-Mandala aus, um Ihren Sinn für die Weite des Nachthimmels zu entdecken.

INNERES
GLÜCK FINDEN

Glück hängt viel mehr davon ab, wie es in unserem Inneren aussieht, als von äußeren Umständen. Forschungen zeigen, dass Menschen eine grundlegende genetische Veranlagung für Glück haben, die von Persönlichkeitsmerkmalen, wie Geselligkeit, Stabilität und Entschlossenheit, beeinflusst wird. Dank dieser Eigenschaften gelingt es uns, mit Scheidungen oder Todesfällen fertig zu werden. Das Gleiche trifft auch auf Glücks- oder Unglücksfälle zu. Obwohl Sie vielleicht gerne ein größeres Haus hätten oder sich wünschten, im Lotto zu gewinnen, ist es sehr unwahrscheinlich, dass Sie dadurch, auf lange Sicht gesehen, glücklicher werden würden. Die gute Nachricht ist, dass Sie Ihr Glücks-Level grundsätzlich anheben können. In diesem Kapitel erfahren Sie, wie Ihnen das durch Meditation, Achtsamkeit sowie Techniken aus dem emotionalen Gehirn-Training und der kognitiven Verhaltenstherapie gelingen kann. Diese Ansätze zeigen, wie ausschlaggebend unsere Gedanken für unsere Gefühle sein können. Sie heben auch das Bedürfnis nach einer sanften inneren Stimme hervor. Mit ihrer Hilfe können wir einen Sinn für Perspektive entwickeln und unser inneres Glück finden, egal in welcher Situation.

20 SOUL FOOD

Es gibt zahlreiche Behauptungen, welches Essen angeblich für gute Laune sorgt. Der Zusammenhang zwischen Ernährung und Glück geht allerdings über solche Essenstrends hinaus. Wir benötigen gute Ernährung, um körperlich fit zu sein. Sie hilft uns auch dabei, unsere Gefühle zu kontrollieren und geistig gesund zu bleiben. Was gut für den Körper ist, ist demnach auch gut für die Seele. Hier sind drei Tipps, die Ihnen dabei helfen können, sich besser zu fühlen.

1 Essen Sie regelmäßig. Wenn Sie Mahlzeiten auslassen, fällt Ihr Blutzuckerspiegel und Sie sich könnten erschöpft fühlen. Nehmen Sie zu Mittag und am Abend kleinere Portionen und mehrere Snacks über den Tag verteilt zu sich, um bei Laune zu bleiben.

2 Versuchen Sie die mediterrane Nahrung. Diese ist reich an Obst und Gemüse, Vollkorn, Nüssen und Olivenöl. Außerdem beinhaltet sie kleine Mengen an hochqualitativem Eiweiß, wie Fisch, Fleisch, Eier und Hülsenfrüchte. All das sind gute Quellen für Aminosäuren. Das Gehirn benötigt diese, um Serotonin und andere Hormone herzustellen, die unsere Gefühle und unsere Stimmung regulieren.

3 Trinken Sie ausreichend Wasser. Wenn wir durstig sind, können wir nicht klar denken und verlieren unsere Perspektive. Haben Sie immer Wasser zur Hand. Machen Sie sich eine Notiz, regelmäßig zu trinken. Zum Beispiel immer dann, wenn Sie sich hinsetzen.

WANN AM BESTEN

Jeden Tag. Geben Sie besonders Acht darauf, wie viel Alkohol und Koffein Sie zu sich nehmen. Beides kann eine negative Auswirkung auf Ihre Stimmung haben.

21 FREUNDLICHE UMGEBUNG

Achten Sie darauf, dass Sie in Ihren eigenen vier Wänden von motivierenden Botschaften und positiven Erinnerungen umgeben sind. Unser Zuhause kann genau so einen Einfluss auf unsere Stimmung haben, wie die Außenwelt. Beachten Sie diesen Zwei-Punkte-Plan, um sicherzugehen, dass Ihre Umgebung voller Freude ist.

1 Werden Sie alles los, was Ihrer Stimmung nicht guttut. Gibt es Erinnerungen an Leute, mit denen Sie keinen Kontakt mehr haben oder mit denen Sie zerstritten sind? Alte Schmuckstücke, die Sie nicht mehr sehen können oder stapelweise Papier, das Sie deprimiert? Gehen Sie systematisch vor und unterteilen Sie den Raum in einzelne Bereiche. Schauen Sie, was Ihnen sofort ins Auge springt und negative Gefühle hervorruft. Räumen Sie alle negativen Gegenstände dort hin, wo sie nicht zu sehen sind.

2 Machen Sie Platz für Stimmungsaufheller. Wählen Sie Gegenstände aus, die Glück oder starke positive Erinnerungen in Ihnen hervorrufen. Fotos von geliebten Menschen können Ihren Selbstsinn und Ihre Verbundenheit mit anderen stärken. Es ist auch förderlich, sich mit Symbolen Ihrer Leistungen und Erinnerungsstücken zu umgeben. Zum Beispiel Urlaubsschnappschüsse, Souvenirs, Bilder von Ihnen, wie Sie Yoga machen oder einen Marathon laufen.

WANN AM BESTEN

Bearbeiten Sie jedes Ihrer Zimmer systematisch. Wiederholen Sie die Übung in regelmäßigen Abständen, etwa einmal im Monat, um sicherzugehen, dass Ihre Umgebung eine positive bleibt.

22 NICKERCHEN

Es besteht kein Zweifel darüber, dass unsere positive Einstellung davon beeinflusst wird, wie erholt wir sind. Wenn wir mehr schlafen, können wir besser mit schwierigen Dingen umgehen und reagieren weniger auf Negatives. Das emotionale Gehirn-Training unterstützt die Annahme, dass wir eher Glückseligkeit erlangen, wenn unsere Gehirne ausgeruht und nicht gestresst sind. Machen Sie diese Übung, um Ihren Körper und Geist wieder zu Kräften zu bringen, wann immer Sie eine Auffrischung brauchen.

1 Finden Sie nach dem Essen ein gemütliches Plätzchen, in das Sie sich hineinkuscheln können, und ruhen Sie sich dort aus.

2 Schließen Sie die Augen und verlangsamen Sie Ihre Atmung.

3 Versuchen Sie, die Zufriedenheit einer Katze während des Mittagsschlafs herzustellen.

4 Öffnen Sie nach einigen Minuten die Augen, strecken Sie sich und nehmen Sie wahr, wie ruhig Sie sich innerlich fühlen.

5 Wenn Sie sich tagsüber gestresst oder ausgelaugt fühlen, nehmen Sie sich Zeit, um sich daran zu erinnern, wie Sie sich während dieser Übung gefühlt haben. Rufen Sie die Zufriedenheit und Erholsamkeit in sich wach, um Ihren Körper und Geist aufzuwecken.

WANN AM BESTEN

Machen Sie diese Übung mindestens zweimal pro Woche. Ein kleines Nickerchen kann Ihnen helfen, sich ausgeglichener und glücklicher zu fühlen. Natürlich wird das nicht jedes Mal möglich sein, wenn Sie gestresst sind. In diesen Momenten kann Ihnen die Erinnerung an die Entspannung dazu dienen, Ihre Batterien wieder aufzuladen.

23 ZEIT, GEKITZELT ZU WERDEN

Erinnern Sie sich noch daran, wie Sie als Kind gekitzelt wurden? Eine leichte, spielerische Berührung kann uns zum Lachen bringen, selbst wenn wir mürrisch sind. Allein der Gedanke daran, gekitzelt zu werden, lässt unsere Glücks-Sirenen losgehen und wir können kaum verhindern, dass wir zu Kichern beginnen. Laut emotionalem Gehirn-Training gehören positive Bildsprache und Lachen zu unseren persönlichen Werkzeugen. Beide helfen dabei, uns schnell von Stress zu befreien, ohne davon überwältigt zu werden.

1 Nehmen Sie sich eine Minute Zeit und denken Sie daran, wann Sie das letzte Mal jemandem gesagt haben, dass Sie sehr kitzlig sind. Erinnern Sie sich an das Kichern, das Sie von sich gegeben haben, als Sie kurz davor waren, gekitzelt zu werden.

2 Versuchen Sie, sich vorzustellen, an Ihren empfindlichsten Stellen mit einer Feder gekitzelt zu werden. Spüren Sie, wie Lachen in Ihnen aufsteigt, und lassen Sie es einige Sekunden lang zu.

3 Machen Sie diese Übung, wenn Sie sich von etwas erdrückt oder gelangweilt fühlen. Entdecken Sie, wie Sie mit der Zeit ausgeglichener werden und Sie Ihrem natürlichen Lachen erlauben, zum Vorschein zu kommen.

WANN AM BESTEN

Machen Sie diese Übung, um dem Stress oder der Eintönigkeit Ihres Tages zu entkommen. Bringen Sie spielerisch Lachen in den Moment.

24 AFFEN ZÄHMEN

Wir lassen uns leicht von wahllosen Gedanken ablenken, die lautstark um unsere Aufmerksamkeit kämpfen. Da viele unserer Gedanken negativ oder unproduktiv sind, können wir deshalb gestresst und unglücklich werden. Achtsamkeits-Trainer verwenden den Begriff „Monkey Mind" um dieses Gedankenkarussell zu beschreiben. Sie meinen, dass wir lernen können, bewusst darauf zu achten, was wir denken, anstatt uns darin zu verlieren. Mit der Zeit hilft uns das, einen Sinn für Stabilität zu entwickeln, was wiederum unsere Aufnahmefähigkeit für Glück erhöht.

1 Setzen Sie sich bequem hin, schließen Sie die Augen und atmen Sie ganz normal. Wenn Sie bereit sind, stellen Sie sich eine Gruppe Affen vor, die im Wald auf Bäumen spielt. Gehen Sie dabei ins Detail: Stellen Sie sich vor, wie sie von einem Ast zum anderen springen, kreischen und miteinander plaudern.

2 Achten Sie darauf, dass Sie ruhig dasitzen, während Sie die Affen beobachten. Sie sind nicht Teil der Affengruppe auf den Bäumen. Die Affen haben keine Macht über Sie. Sie selbst sind ein teilnahmsloser Beobachter. Atmen Sie weiter und lassen Sie das Bild langsam verschwinden.

3 Nutzen Sie dieses Bild in Ihrem Alltag. Wenn Sie von einem unangenehmen Tagtraum oder Gedanken abgelenkt werden, stellen Sie ihn sich als Affe auf dem Baum vor und lassen sie ihn dann wieder verschwinden.

WANN AM BESTEN

Machen Sie diese Übung jeden Tag fünf Minuten lang, idealerweise morgens, bevor sie zu sehr von den Ereignissen des Tages eingenommen sind. Verwenden Sie das Bild, wann immer Sie es brauchen.

25 | DIE INNERE OASE

Ein geistiges Bild Ihres „Glücksorts" kann eine Oase der Freude sein, zu der Sie jederzeit zurückkehren können. Kreative Visualisierung ist ein effektiver Weg, mit Stress umzugehen und den Körper zu entspannen. Unser Geist reagiert in gleicher Weise auf lebhafte Vorstellungen wie auf tatsächliche Erlebnisse. Das Beste dabei ist, dass Sie Ihre eigene Oase selbst gestalten können.

1 Nehmen Sie sich kurz Zeit und machen Sie es sich gemütlich, entweder im Sitzen oder im Liegen. Konzentrieren Sie sich, indem Sie ein paar Mal tief einatmen. Entspannen Sie Ihren Kiefer und lassen Sie die Schultern locker hängen.

2 Atmen Sie langsamer, während sich Ihr Körper entspannt. Schließen Sie Ihre Augen.

3 Beginnen Sie, sich Ihren Glücksort vorzustellen. Es kann ein Ort sein, den Sie gut kennen, einer, an dem Sie noch nie waren, einer, den Sie sich komplett ausgedacht haben, oder einer, der eine Kombination aus verschiedenen Orten ist. Das könnte eine Oase in der Wüste, ein tropischer Strand, eine kühle Waldlichtung oder ein Platz an einem Bergsee sein. Der Ort kann sich auch drinnen befinden, wie die Küche Ihrer Großmutter, in der sie als Kind gespielt haben.

4 Fügen Sie immer mehr Details hinzu, wenn Sie sich diesen Ort vorstellen. Überlegen Sie zum Beispiel, welche Farbe das Wasser hat und ob es vom Wind gekräuselt wird oder ruhig daliegt, wenn Sie eine beschauliche Strandszenerie vor Augen haben. Ist es ein Sand- oder Kiesstrand? Wurde er von der Sonne aufgewärmt? Stehen ringsherum Bäume? Gibt es Tiere oder Vögel? Was befindet sich am Horizont und was in der Nähe?

WANN AM BESTEN

Je öfter Sie etwas visualisieren, desto einfacher wird es, dieses Bild hervorzurufen. Machen Sie diese Übung daher zehn Minuten pro Tag, eine Woche lang. Die Übung eignet sich hervorragend, um sich nachts vorm Schlafengehen zu entspannen.

5 Tauchen Sie ein in diesen wunderschönen Ort, indem Sie all Ihre Sinne nutzen, um ein möglichst lebhaftes Bild herzustellen. Stellen sie sich vor, welche Geräusche zu hören sind und wie der Boden unter Ihren Füßen beschaffen ist. Spüren Sie den kühlen Wind auf Ihrer Haut und wie Sie die Hand ins Salzwasser tauchen.

6 Genießen sie es, an Ihrem Glücksort zu sein. Machen Sie einen Spaziergang. Atmen Sie den Frieden und das Glück ein, das Sie an diesem Ort fühlen.

7 Machen Sie innerlich ein Foto von Ihrem Glücksort, wenn Sie dazu bereit sind, die Übung zu beenden. Denken Sie daran, dass dieser Ort für Sie da ist, wann immer Sie dorthin zurückkehren möchten. Lassen Sie das Bild langsam gehen, während Sie sich wieder auf Ihre Atmung konzentrieren. Öffnen Sie Ihre Augen langsam und bringen Sie Ihre Aufmerksamkeit zurück zu Ihrer tatsächlichen Umgebung, bevor Sie in Ruhe aufstehen und mit Ihrem Tag weitermachen.

VERTRAUTHEIT

Es kann helfen, die Übung jedes Mal am selben Platz, in derselben Haltung zu machen. Je öfter Sie cas machen, desto mehr wird Ihr Geist den Platz und die Haltung mit Glücksgefühlen und Entspannung in Verbindung bringen. Es wird Ihnen leichter fallen, in diesen Zustand der Glückseligkeit zu kommen.

26   TIEF EINATMEN

Atemübungen gehören zu den schnellsten Wegen, um sich glücklicher zu fühlen. Sie werden von vielen verschiedenen Therapieansätzen verwendet und sind bekannt dafür, Stress zu reduzieren und Vitalität zu steigern. Probieren Sie diese einfache Übung aus.

1 Legen Sie sich auf den Rücken und stellen Sie die Füße flach auf den Boden. Finden Sie eine bequeme Position. Legen Sie ein kleines Kissen unter Ihren Kopf.

2 Legen Sie Ihre Hände auf den Bauch und atmen Sie tief ein. Fühlen Sie, wie Ihr Bauch gegen die Hände drückt. Atmen Sie aus und lassen Sie Ihre Hände sinken.

3 Stellen Sie sich vor, in Ihrem Bauch wäre ein kleiner, warmer Lichtball. Beim Einatmen wird er größer und wärmt Ihre Brust. Beim Ausatmen schrumpft er.

4 Stellen Sie sich beim nächsten Einatmen vor, wie der Ball so groß wird, dass er Kehle und Hüfte erreicht und dann wieder schrumpft. Beim nächsten Mal wird er noch größer und reicht bis zu Schultern und Knöcheln. Zum Schluss erfüllt er Ihren ganzen Körper.

5 Haben Sie bei jedem Atemzug dieses warme Licht vor Augen, wie es Ihren Körper weich macht und entspannt. Wenn Sie ausatmen, erlauben Sie sich, loszulassen.

WANN AM BESTEN

Einmal am Tag. Das ist eine passende Übung zum Runterkommen, bevor Sie abends ins Bett gehen..

TOP-**FÜNF**-WEGE,
um regelmäßig zu meditieren

Fangen Sie klein an, mit einer Minute pro Tag.

Steigern Sie die Dauer allmählich.

Verbinden Sie es mit einer anderen Tätigkeit, wie Zähneputzen oder Teetrinken in der Früh.

Denken Sie daran: selber Platz, selbe Uhrzeit. Jeden Tag.

Nehmen Sie sich vor, regelmäßig zu meditieren, aber verzeihen Sie sich Ausfälle.

27 DER WEG ZUM GLÜCK

Wir können uns Unglück sehr leicht selbst einreden und dieses Unglück mit Beweisen rechtfertigen, die nicht der Realität entsprechen. Kognitive Verhaltenstherapeuten nennen das „kognitive Verzerrung". Versuchen Sie es mit dieser Methode der Visualisierung, um der Tendenz, negative Voraussagungen über die Zukunft zu treffen und diese als Fakten zu behandeln, etwas entgegenzusetzen.

1 Nehmen Sie bewusst wahr, wenn Sie negative Erwartung in Bezug auf die Zukunft haben. Beispielsweise: „Ich gehe nicht auf die Party, weil ich weiß, dass es schrecklich wird." Oder „Es hat keinen Sinn, dass ich mich für diese Stelle bewerbe, weil ich sie ohnehin nie bekommen werde."

2 Atmen Sie einmal tief ein und aus. Sagen Sie sich: „Das ist nur eine Annahme. Ich kann nicht voraussagen, was vor mir liegt." Schließen Sie die Augen und stellen Sie sich Ihr künftiges Leben voller Elend vor, so lebhaft Sie können. Das ist „negatives Vorhersagen".

3 Stellen Sie sich selbst die Frage: „Wenn ich wirklich glücklich und selbstsicher wäre, würde ich dann so denken?" Schließen Sie Ihre Augen erneut und stellen Sie sich nochmals Ihre Zukunft vor. Denken Sie diesmal an ein erfreuliches Ergebnis, ebenfalls so lebhaft Sie können. Genießen Sie diese positive Vorhersage.

WANN AM BESTEN

Machen Sie diese Übung, sobald negative Annahmen Sie davon abhalten würden, etwas zu tun, was Sie glücklich machen könnte.

AUFSCHREIBEN

Schreiben Sie Ihre negativen Annahmen in ein Notizbuch und machen Sie dann genau das, was Sie eigentlich vermeiden wollten. Notieren Sie, ob Ihre ursprüngliche Annahme tatsächlich wahr geworden ist oder nicht.

28 NACHSPÜREN

„Nachspüren" ist ein Schlüsselkonzept des emotionalen Gehirn-Trainings. Es geht darum, die aktuelle Tätigkeit regelmäßig bewusst zu unterbrechen, um sich seiner Gefühle bewusst zu werden. Hat man einmal herausgefunden, was in Körper und Geist vor sich geht, kann man den Stress hinter sich lassen und in einen Zustand der Verbundenheit und Freude kommen.

1 Unterbrechen Sie Ihre Tätigkeiten tagsüber in gleichmäßigen Abständen und konzentrieren Sie sich darauf, was für Sie am wichtigsten ist. Welche Gefühle, welche Laune, welche körperlichen Empfindungen sind momentan vorherrschend? Laden Sie sich eine App mit Signal aufs Handy, um Ihnen dabei zu helfen.

2 Wenn Sie nachspüren, wie es Ihnen wirklich geht, sind Sie vielleicht gerade grundlos in Eile oder haben verspannte Schultern. Oder Sie sind wütend oder Sie fühlen sich glücklich und frei. Was immer Sie wahrnehmen, machen Sie einen Moment lang Pause, um ein paar Mal tief ein- und auszuatmen. Für Ihren Körper ist das eine Möglichkeit, unnötige Anspannung abzubauen.

3 Gibt es etwas, wodurch Sie gelassener und fröhlicher werden? Vielleicht hilft es Ihnen, aufzustehen und sich zu strecken oder Wasser zu trinken? Vielleicht hilft Ihnen ein Spaziergang, um den Kopf freizubekommen? Mit der Zeit werden Ihnen diese kleinen Aktionen dabei helfen, Stress hinter sich zu lassen.

WANN AM BESTEN

Pünktlich zu jeder Stunde oder in anderen, zufälligen Abständen.

EIN HINWEIS

Vielleicht ist Ihnen ein anderes Signal lieber als eine Klingel. Wählen Sie ein Schmuckstück aus, das Sie immer tragen: einen Ring oder ein Armband. Nehmen Sie diesen Gegenstand jedes Mal, wenn Sie ihn sehen, als Anlass, um nachzuspüren, wie es Ihnen geht.

29 FÜNF MINUTEN AUSZEIT

Die positive Psychologie untersucht Eigenschaften, die eine Person dazu bringen, aufzublühen. Es hat sich gezeigt, dass Dankbarkeit ein Schlüssel zum Glück ist und wie einfach es ist, sein Gehirn darauf zu trainieren, dankbarer für die guten Dinge im Leben zu sein. Sollte Sie demnächst etwas betrüben, machen Sie diese inspirierende Übung.

WANN AM BESTEN

Diese Übung kann man jeden Tag machen. Sie eignet sich zum Beispiel vorm Schlafengehen. Menschen, die sich regelmäßig in Dankbarkeit üben, berichten, dass sie ein höheres Maß an positiven Emotionen haben.

1 Machen Sie einen Moment Pause und atmen Sie durch. Greifen Sie Ihren Daumen mit den Fingern der anderen Hand. Denken Sie, während des Einatmens, an eine Sache, groß oder klein, für die Sie in Ihrem Leben dankbar sind. Das kann die Unterstützung eines guten Freundes sein, das wohlige Gefühl beim Kaffeetrinken oder die Tatsache, dass Sie gesund sind. Sagen Sie sich in Gedanken: „Dafür bin ich dankbar." Und nennen Sie weitere Dinge, für die Sie dankbar sind.

2 Gehen Sie zu Ihrem Zeigefinger über. Während Sie ihn ruhig festhalten, denken Sie an etwas Weiteres, wofür Sie dankbar sind: Ihr Zuhause, das Wetter oder die Blumenvase auf Ihrem Tisch. Greifen Sie jeden Finger einmal an: den Mittelfinger, den Ringfinger und den kleinen Finger.

3 Wenn Sie fünf Gründe gefunden haben, um dankbar zu sein, nehmen Sie sich nochmal kurz Zeit, bevor Sie mit dem Tag weitermachen.

POSITIVE BESTÄTIGUNG

Ich halte
das Glück
in meiner
Hand

30 HEITERE GEDANKEN

In der kognitiven Verhaltenstherapie finden wir Wege, um automatisierte negative Gedanken zu durchbrechen und zu einer vollständigeren Art des Denkens zu gelangen. Eine Möglichkeit ist, uns Fragen zu stellen, die uns erlauben, die Denkmuster hinter unseren Gedanken zu testen. Wir sollten auch auf unsere Ausdrucksweise achten, um keine stressauslösenden Nachrichten an das Gehirn zu senden. Probieren Sie diese Techniken aus.

1 Wie antworten Sie, wenn Leute fragen, wie es Ihnen geht? Viele von uns verwenden negative Untertreibungen, wie „Nicht so schlecht" oder „Ich kann mich nicht beschweren". Sagen Sie etwas Positives, wie „Mir geht es wirklich gut und Ihnen?", selbst wenn Sie nur aus Höflichkeit antworten.

2 Wenn Sie bemerken, dass Sie etwas Negatives über sich selbst denken, wie „Niemand mag mich" oder „Ich sehe fürchterlich aus", fragen Sie sich, ob das wirklich stimmt. Gibt es einen besseren Blickwinkel? Ändert sich meine Einstellung, wenn ich eine andere Stimmung habe?

3 Vermeiden Sie witzig gemeinte, selbstironische Kommentare und das Übertreiben von Negativem. Wenn Sie behaupten, Ihre Beziehungen seien ein Desaster, oder sich darüber beschweren, krank vor Stress zu sein, erzeugen Sie ein negatives Denkmuster und fangen irgendwann an, zu glauben, was Sie sagen.

WANN AM BESTEN

Achten Sie darauf, dass diese Angewohnheiten zur Routine werden. Stück für Stück werden sie Ihre Aussicht auf Glück verbessern.

31 INNEREN FRIEDEN FINDEN

Diese beruhigende Visualisierung können Sie machen, um die Emotionen des Tages loszulassen und mehr Akzeptanz zu finden – ein grundlegendes Merkmal der Achtsamkeit. Stellen Sie sich unterschiedliche Landschaften vor, um bessere und schlechtere Erfahrungen zu reflektieren. Beenden Sie die Visualisierung auf jeden Fall mit einem Sonnenuntergang.

1 Setzen oder legen Sie sich an einem ruhigen Ort hin. Schließen Sie die Augen. Atmen Sie einige Male bewusst ein und aus. Stellen Sie sich vor, Sie würden einen Weg entlanggehen. Hinter Ihnen geht die Sonne auf. Sie sind sich nicht sicher, wohin der Weg führt, aber Sie gehen weiter. Sie betreten einen Wald. Die Reise ist beschwerlich – Sie bemerken, dass Sie bergauf gehen.

2 Gerade als Sie außer Atem kommen, wird der Weg einfacher und die Bäume weniger. Sie gehen in ein wunderschönes Tal hinunter. Der Weg führt bergauf und bergab, windet und dreht sich. Hier geht er durch den Wald, dort über Wiesen.

3 Sie kommen zu einer zauberhaften Stelle, wo Sie sich unter einem Baum ausruhen können. Sie blicken hinter sich und sehen die atemberaubende Landschaft. Die Hügel und Täler, die Sie bezwungen haben, verleihen ihr besonderen Charakter und Schönheit. Sie bemerken, dass die Sonne anfängt, unterzugehen. Der Tag findet sein Ende. Erlauben Sie sich, zu verweilen.

WANN AM BESTEN

Machen Sie diese Übung jeden Abend, vor dem Zubettgehen oder wenn Sie bereits im Bett sind, um den Tag ausklingen zu lassen und sanft in den Schlaf zu gleiten.

BEWUSSTSEIN

Machen Sie diese Übung im Bewusstsein, dass jeder Tag seine Höhen und Tiefen hat und diese dem Tag erst Charakter geben.

32 STARKES SPIEL

Spielen bringt uns Freude. Es kann passieren, dass wir das Leben zu ernst nehmen, wenn wir uns andauernd auf die Arbeit und sonstige Verantwortungen konzentrieren, ohne Platz für Vergnügen zu lassen. Spielen wirkt mitunter wie ein unnötiger Zeitvertreib, weil es keinen vordergründigen Zweck erfüllt. Tatsächlich ist es aber ein guter Weg, um Stress loszuwerden. Außerdem kann man sich dadurch effektiv mit anderen verbinden und der Kreativität freien Lauf lassen. Spielen macht uns sogar produktiver. Probieren Sie diese inspirierende Übung aus. Sie basiert darauf, dass man sich in die Zeit zurückversetzt, in der man neun Jahre alt war – laut einer britischen Studie das Alter, in dem wir am glücklichsten sind.

1 Setzen Sie sich hin und schließen Sie die Augen. Lassen Sie zu, dass sich Ihr Körper entspannt, und machen Sie ein paar tiefe Atemzüge.

2 Rufen Sie ein Bild von sich als neunjähriges Kind wach. Versuchen Sie, sich vorzustellen, was Sie anhaben, wie Ihre Haare und Ihr Gewand aussehen. Denken Sie daran, was Sie machen. Vielleicht erinnern Sie sich daran, wie Sie auf einem Klettergerüst spielen, Rad fahren, Ball spielen oder Seil hüpfen. Lassen Sie sich auf dieses sorglose, entspannte Ich ein. Genießen Sie die Aktivität dieser glücklichen Erinnerung von Neuem.

3 Lassen Sie das Bild langsam gehen und öffnen Sie Ihre Augen. Denken Sie daran, dass Sie selbst diese lustige, sorglose Person sind und dass Sie durchs Spielen Zugang zu Ihren Glücksgefühlen bekommen.

4 Überlegen Sie, wie Sie das Spielen in Ihr Erwachsenenleben integrieren können. Spielen Sie zum Beispiel mit Kindern, die Sie kennen. Treffen Sie sich mit Freunden zum Frisbee- oder Schlagballspielen. Bieten Sie jemandem an, mit dem Hund rauszugehen, falls Sie selbst keinen haben. Sie können auch etwas Simples wie Seilspringen, Jonglieren oder Ausmalen versuchen. Nehmen sie sich Zeit fürs Spielen.

WANN AM BESTEN

Planen Sie jeden Tag etwas Spielzeit ein. Denken Sie an den Tag, der vor Ihnen liegt: Wie könnten Sie Ihre Arbeit, das Abendessen oder die Zeit mit Ihren Liebsten spielerischer gestalten?

Blättern Sie um: Machen Sie die Malübung auf der anderen Seite, um etwas Spiel in Ihren Alltag zu bringen.

FREUDE
VERBREITEN

Glück und emotionale Wärme gehen Hand in Hand. Glückliche Menschen sind freundlicher zu anderen und Freundlichkeit ist ansteckend – eine gute Tat führt zu einer anderen. Freundlichkeit weckt auch die Geister von jenen, die geben. Eine Studie fand heraus, dass Meditation, die auf Liebe und Freundlichkeit basiert und in der es darum geht, sich selbst und anderen Gutes zu wünschen, dazu führt, dass man sich fröhlicher fühlt und dass persönliche Beziehungen mit der Zeit gefestigt werden. Nicht nur das, auch Achtsamkeit und Dankbarkeit sind miteinander verbunden. Wenn man achtsam ist, fängt man an, Positives wertzuschätzen. Wenn wir Positives bewusst wahrnehmen, erhöht sich unser Bewusstsein allgemein. Schon winzige, schrittweise Veränderungen im Alltag, wie jemanden auf der Straße anzulächeln, können eine Möglichkeit sein, der Welt etwas Gutes zu tun. Es hilft Ihnen dabei, sich als Teil einer Gemeinschaft zu fühlen, was ein ausschlaggebender Aspekt emotionalen Wohlbefindens ist. Machen Sie sich keine Sorgen, dass es selbstsüchtig wirkt, auf seine eigene emotionale Gesundheit zu achten. Indem Sie selbst glücklicher werden, bringen Sie auch anderen Menschen Freude.

33 DER DOMINOEFFEKT

Nichts ist bereichernder, als Dankbarkeit zu verbreiten. Wir nehmen kleine Dinge oft für selbstverständlich und vergessen, uns zu bedanken. In unserer schnelllebigen Zeit ist es wichtig, zu bemerken, was andere für uns tun. Diese Anerkennung kann sich in Folge weitervermehren. Das emotionale Gehirn-Training vertritt die Idee, dass unser Gehirn von einem gestressten in einen frohen Zustand übergeht, wenn es Belohnungen, wie zum Beispiel freundliche Gesten, erhält. Es liegt allerdings an uns, diese Freundlichkeiten an andere weiterzugeben.

1 Jedes Mal, wenn sich jemand bei Ihnen bedankt, denken Sie daran, Ihre Dankbarkeit an mindestens zwei andere Personen weiterzugeben.

2 Überlegen Sie, wie Sie auf verschiedene Arten Dankbarkeit ausdrücken können. Sie können sich sowohl mündlich als auch schriftlich bedanken oder einfach jemanden wissen lassen, wie viel er Ihnen bedeutet.

3 Nachdem Sie Ihre Dankbarkeit weitergegeben haben, denken Sie darüber nach, wie glücklich Sie sich dadurch gefühlt haben und wie glücklich Sie andere damit gemacht haben. Nehmen Sie sich vor, jeden Tag mehr Dankbarkeit zu zeigen.

WANN AM BESTEN

Machen Sie diese Übung jeden Tag und achten Sie darauf, wie die Bindungen zwischen Ihnen und anderen durch aktives Bedanken stärker werden. Es kann uns innere Ruhe bringen und wir fühlen uns gleichzeitig glücklicher.

34 HERAUSFORDERUNGEN ANNEHMEN

Menschen, die an Sozialphobie leiden, handhaben diese oft, indem sie Situationen sozialer Interaktion vermeiden. Dieses Verhalten kann allerdings isolieren und unglücklich machen. Ein Werkzeug der kognitiven Verhaltenstherapie ist, eigene Ängste herauszufordern, indem man sich absichtlich in Situationen begibt, die einem unangenehm sind. Hier eine vereinfachte Version dieser Technik für zu Hause.

1 Was uns davon abhält, kontaktfreudiger zu sein, ist, dass wir einerseits denken, uns lächerlich zu machen, und andererseits glauben, nicht mit dem Urteil anderer umgehen zu können. Überlegen, Sie sich, wie es Ihnen bei diesen „Selbstversuchen" gehen würde:

• Grüßen Sie im Bus einen Fremden.
• Fragen Sie einen Verkäufer, wie sein Wochenende war.
• Gehen Sie mit auffälligen Schuhen auf die Straße.
• Hüpfen Sie eine Straße hinunter.
• Machen Sie einem Rezeptionisten ein Kompliment.
• Setzen Sie sich während eines Meetings auf den Lieblingsplatz eines Kollegen.

WANN AM BESTEN

Stellen Sie sich eine Woche lang jeden Tag einer kleinen sozialen Herausforderung, um Widerstandsfähigkeit aufzubauen. Verwenden Sie entweder die Aufgaben, die hier aufgelistet sind, oder denken Sie sich eigene aus.

2 Beurteilen Sie die Liste nun nach einschüchternd und weniger einschüchternd. Suchen Sie sich das am wenigsten Einschüchternde aus, gehen Sie hinaus und tun Sie's. Wie hat sich das angefühlt? Anders als erwartet? Wenn es Ihnen unangenehm war, versuchen Sie es morgen noch mal. Wenn es sich gut angefühlt hat, probieren Sie den nächsten Punkt aus.

35 DIE WELT LIEBEN

Meditieren, basierend auf Liebe und Freundlichkeit, ist eine uralte Praxis, die uns hilft, uns mit dem Guten in uns zu verbinden, damit unsere positiven, liebenden Gefühle freien Lauf haben. Sie wird oft gemeinsam mit Achtsamkeit zur Anwendung gebracht. Es wurde erwiesen, dass das Praktizieren dieser Übung Gefühle der Zufriedenheit und Freude steigern kann. Außerdem kann es das Einfühlungsvermögen und das Mitgefühl gegenüber anderen vermehren.

1 Suchen Sie sich bequem hin und atmen Sie ganz natürlich. Lassen Sie Ihren Geist zur Ruhe kommen.

2 Schließen Sie die Augen und halten Sie die Hand ans Herz, während Sie diese Worte ruhig und sanft im Geist wiederholen: „Ich hoffe, gesund und in Sicherheit zu sein. Ich hoffe, glücklich zu werden. Ich hoffe, mein Leben mit Leichtigkeit leben zu können."

3 Sagen Sie sich diese Worte weiterhin vor und genießen Sie das Gefühl von Wärme. Machen Sie sich keine Sorgen, falls Sie nichts spüren sollten. Konzentrieren Sie sich darauf, die Worte zu wiederholen.

4 Denken Sie an jemanden, den Sie lieben oder mögen. Stellen Sie sich vor, dieser Mensch würde vor Ihnen stehen. Richten Sie das Wort an ihn: „Ich hoffe, du bist gesund und in Sicherheit. Ich hoffe, du wirst glücklich. Ich hoffe, du kannst dein Leben mit Leichtigkeit leben."

WANN AM BESTEN

Wann immer Sie möchten. Es kann eine schöne Übung zu Beginn oder am Ende des Tages sein.

5 Ab und zu werden Sie abgelenkt sein, das ist ganz normal. Wenn Ihnen das auffällt, bringen Sie ihre Aufmerksamkeit in aller Ruhe zurück zu den Worten, die Sie wiederholen.

6 Denken Sie jetzt an einen Bekannten, für den Sie keine großen Gefühle hegen – der Partner eines Kollegen zum Beispiel, oder jemand, dem Sie jeden Tag auf dem Weg in die Arbeit begegnen. Stellen Sie sich vor, diese Person würde vor Ihnen stehen, und sagen Sie: „Ich hoffe, dass du gesund und in Sicherheit bist. Ich hoffe, dass du glücklich wirst. Ich hoffe, dass du dein Leben mit Leichtigkeit leben kannst."

7 Denken Sie an jemanden, den Sie nicht mögen, und sagen Sie: „Ich hoffe, dass du gesund und in Sicherheit bist. Ich hoffe, dass du glücklich wirst. Ich hoffe, dass du dein Leben mit Leichtigkeit leben kannst." Das kann schwieriger sein. Es ist besser, sich nicht zu sehr unter Druck zu setzen, indem Sie jemanden wählen, der zu starke Gefühle in Ihnen hervorruft. Wenn Sie bemerken, wie negative Gefühle oder Gedanken in Ihnen hochkommen, seien Sie sich dessen einfach bewusst und konzentrieren Sie sich auf die Worte. Seien Sie gutmütig und verurteilen Sie sich selbst nicht für Negatives.

8 Zu guter Letzt richten Sie diese Worte an alle in der Welt: „Ich hoffe, dass wir gesund und in Sicherheit sind. Ich hoffe, dass wir glücklich werden. Ich hoffe, dass wir unser Leben mit Leichtigkeit leben können." Machen Sie weiter, solange es sich richtig anfühlt.

WANN AM BESTEN

Liebe und Freundlichkeit beginnt traditionellerweise bei einem selbst, da es einfacher ist, anderen gegenüber freundlich und liebenswürdig zu sein, wenn man Mitgefühl mit sich selbst hat. Wenn Sie sich schlecht fühlen, beginnen Sie mit einem geliebten Menschen (Schritt 4) und lassen Sie sich Ihre freundlichen Wünsche erst später selbst zukommen.

POSITIVE BESTÄTIGUNG

Mögen wir unser Leben mit Leichtigkeit leben

TOP-**FÜNF**-WEGE,
um Glück zu **verbreiten**

Begrüßen Sie Ihre Nachbarn. Bieten Sie einer älteren Person in Ihrer Nähe Hilfe an.

Vermeiden Sie Klatsch und Tratsch. Geben Sie Leuten einen Vertrauensbonus, anstatt sie scharf zu verurteilen.

Gewöhnen Sie sich an, mitfühlend zu sein – vollbringen Sie jeden Tag eine gute Tat

Hören Sie gut zu: Konzentrieren Sie sich besser darauf, was Menschen sagen, anstatt ihnen Lösungen anzubieten.

Pflegen Sie gute Manieren: Öffnen Sie anderen die Tür, bedanken Sie sich, schätzen Sie andere wert.

36 . . .BITTE LÄCHELN

Lächeln verringert erwiesenermaßen das Frustrationslevel, wenn wir unter Zugzwang stehen. Die Facial-Feedback-Hypothese unterstützt die Annahme der kognitiven Verhaltenstherapie, dass Gestik unsere Stimmung beeinflussen kann. Wenn Fältchen an unseren Augenlidern entstehen und unsere Mundwinkel nach oben gehen, kann das zu einer positiven Veränderung unseres emotionalen Zustands beitragen. Diese Übung hilft Ihnen, zu erkennen, wie Lächeln nicht nur Ihre Verfassung, sondern auch die der anderen verändern kann.

1 Bevor Sie das Haus für längere Zeit verlassen, üben Sie Ihr Lächeln vor dem Spiegel, bis es zu Ihrer zweiten Natur wird.

2 Wenn Sie außer Haus gehen und der Welt ins Gesicht blicken, legen Sie nicht nur Wert darauf, Augenkontakt mit Menschen zu haben, die an Ihnen vorbeigehen, sondern lächeln Sie sie auch an.

3 Nehmen Sie wahr, wie Leute automatisch zurücklächeln wollen. Achten Sie außerdem darauf, wie viel besser Sie sich innerlich fühlen.

WANN AM BESTEN

Machen Sie diese Übung immer dann, wenn Sie draußen unterwegs sind. Sehen Sie, wie ansteckend Ihr Lachen für die Menschen um Sie herum ist. Achten Sie auch darauf, wie aufmerksam und beschwingt Sie sich fühlen, wenn Sie lächeln.

37 FRÜHJAHRSPUTZ

Machen Sie diese Übung das nächste Mal, wenn Sie den Abwasch oder andere Haushaltstätigkeiten machen müssen, die Sie nicht leiden können. Sie verbindet Achtsamkeit mit dem Konzept der Dienstleistung, welches mit Glücksgefühlen verbunden ist. Schauen Sie, ob es für Sie funktioniert.

1 Bevor Sie eine Aufgabe beginnen, machen sie sich klar, dass Sie diese mit Aufmerksamkeit und aus Liebe bewältigen. Denken Sie daran, dass Ihre Arbeit dazu beiträgt, Ihr Zuhause zu einem angenehmeren Ort zu machen, für Sie und für andere, die dort leben.

2 Arbeiten Sie ohne Ablenkung. Geben Sie sich dieser Erfahrung ganz hin. Wenn Sie den Boden kehren, achten Sie auf das Gewicht des Besens in Ihrer Hand und die subtilen Veränderungen der Geräusche während des Kehrens. Wenn Sie Wäsche zusammenlegen, achten sie darauf, wie sich jedes Stück anfühlt, achten sie auf das Aroma, der frisch gewaschenen Bettbezüge und den befriedigenden Stapel an zusammengelegten Handtüchern.

3 Wenn Ihre Gedanken abschweifen, bringen Sie sie zurück ins Hier und Jetzt. Erlauben Sie sich, Ihre Hausarbeit zu genießen, anstatt Sie in Eile zu erledigen.

WANN AM BESTEN

Immer. Wenn Sie etwas im Haushalt machen müssen, ist es leichter, das zu akzeptieren, anstatt sich darüber aufzuregen. Heißen Sie den Moment lieber willkommen, als sich gegen ihn zu wehren – ein Grundpfeiler der Achtsamkeit.

38 SICH GROSSARTIG FÜHLEN

Versuchen Sie es mit einer „Bewunderungstherapie". Forscher der Stanford University fanden heraus, dass die Ehrfurcht, die wir empfinden, wenn wir ein atemberaubendes Spektakel beobachten, dafür sorgt, dass wir uns sofort besser fühlen. Sie verändert auch unsere innere Perspektive und dehnt sogar unser Zeitgefühl aus. Dadurch werden wir geduldiger und einfühlsamer. Beides hilft dabei, dass wir uns glücklicher fühlen.

1 Machen Sie es sich gemütlich. Schauen Sie sich das Bild der Polarlichter an. Schließen Sie Ihre Augen , atmen Sie ganz normal und stellen Sie sich vor, wie Sie aus einiger Entfernung hinaufschauen und die Lichter beobachten.

2 Nehmen Sie sich Zeit, so sehr ins Detail zu gehen, wie möglich, wenn Sie sich dieses faszinierende Naturschauspiel vorstellen: die elektrisierende Farbe der Luft am Nachthimmel, die tanzenden Muster, die sich ergeben, wenn die Luft vom Wind umhergewirbelt wird, und die Umrisse der Landschaft, die in Licht getaucht werden. Versuchen Sie, dieses Schauspiel so wahrzunehmen, als wären Sie dort und als würde es Ihr Gesicht erleuchten.

3 Lassen Sie das Bild langsam gehen, bevor Sie Ihre Augen in aller Ruhe wieder öffnen und zurück in Ihre unmittelbare Umgebung kommen.

WANN AM BESTEN

Diese Übung ist sehr nützlich, wenn Sie glauben, unter Zeitdruck oder generell unter Druck zu stehen. Falls Ihnen das Visualisieren schwerfällt, versuchen Sie es mit Videos von Naturschauspielen, wie Walen oder Wasserfällen.

39 DER KRÄUSEL-EFFEKT

Seien Sie freundlich, wenn sie glücklich sein wollen! Forschungen zeigen, dass ein Akt der Güte, ob groß oder klein, die Ausschüttung von Wohlfühl-Endorphinen bewirkt. Wenn Menschen freundlich behandelt werden, sind sie wahrscheinlich auch freundlich zu anderen. Ein kleiner Akt der Güte könnte also eine Kettenreaktion an Menschenliebe auslösen, ähnlich wie sich kräuselnde Wellen, die sich ausbreiten, nachdem man einen Kieselstein ins Wasser geworfen hat. Versuchen Sie es mit diesen Tipps, um Freundlichkeit zur Gewohnheit zu machen.

WANN AM BESTEN

Zählen Sie Ihre freundlichen Taten jeden Abend nach, bevor Sie ins Bett gehen. Das ist eine wunderbare Möglichkeit, um den Tag positiv abzuschließen.

1 Zählen Sie Ihre heutigen freundlichen Taten auf. Sich seiner eigenen freundlichen Impulse bewusst zu werden, kann einen glücklicher machen.

2 Finden Sie neue Arten, freundlich zu sein. Lassen Sie ein anderes Auto vor sich einreihen, spenden Sie an eine Wohltätigkeitsorganisation, an die Sie glauben, bezahlen Sie der Person hinter sich in der Schlange einen Kaffee oder fragen Sie nach, wie es einem älteren Verwandten oder Nachbarn geht.

3 Es gibt eine sehr große Anzahl an Beweisen, die zeigt, dass Freiwilligenarbeit für einen Euphorie-Schub, genannt „Helper's High", sorgen kann. Es ist auch ein großartiger Weg, um mit der Gesellschaft in Verbindung zu bleiben, was wiederum ausschlaggebend ist, wenn es um Glück geht.
Versuchen Sie's: Malen Sie das Bild aus und stellen Sie sich vor, jede Kreisblume wäre ein Akt der Güte.

GLÜCKLICHE BEZIEHUNGEN AUFBAUEN

Wir sind auf Intimität eingestellt. Zahlreiche Studien zeigen, dass Menschen mit engen Beziehungen und starken sozialen Netzwerken glücklicher und gesünder sind als jene ohne solche Bindungen. Erstere leben sogar länger!

Bei vielen Aspekten des Glücklichseins gibt es eine Art Rückkopplungsschleife: Eine glückliche Beziehung verhilft zu mehr Freude, was wiederum zu besseren persönlichen Bindungen und mehr Intimität führt. Dem ist so, weil es glücklichen Menschen leichter fällt, positive Beziehungen aufrechtzuerhalten.

Indem Sie an Ihrem Glück arbeiten, stärken Sie auch die Verbindung zu Ihren Liebsten. Nicht nur das. Sie können Ihr gesamtes Glücks-Level erhöhen, indem Sie die Übungen dieses Kapitels dazu nutzen, Ihre Beziehungen zu festigen. Es ist also eine „Win-win-Situation".

Viele der Übungen eignen sich dazu, mit dem eigenen Partner gemacht zu werden. Sie funktionieren aber genau so gut mit engen Freunden oder Verwandten. Entscheidend ist, der Person den Vorzug zu geben, die Ihnen am Wichtigsten ist, und Zeit und Energie zu investieren, um diese Beziehung zum Blühen zu bringen.

40 DIE ZEIT ANHALTEN

Wie wäre das Leben, wenn die Zeit, jedes Mal stillstehen würde, wenn wir mit unseren Liebsten beisammen sind? Laut emotionalem Gehirn-Training müssen wir transparent und aufmerksam sein, um Intimität herstellen zu können. Wenn wir im Hier und Jetzt sind, können wir unsere Stressauslöser langsam beiseiteschaffen und mehr Platz für liebevolle Gemeinschaft machen. Probieren Sie diese Übungen aus, um Ihre Aufmerksamkeit zu schärfen und Ihre Verbundenheit mit anderen zu verbessern.

1 Stellen Sie sich vor, die Zeit steht still, wenn Sie mit jemandem beisammen sind, der Ihnen wichtig ist oder den Sie lieben.

2 Lassen Sie das Zusammensein mit dieser Person auf sich wirken, wo immer Sie sind. Achten Sie auf seine oder ihre Besonderheiten, auf Gesten, Stimmlage und all die anderen Dinge, die sie oder ihn für Sie einzigartig machen.

3 Machen Sie das öfter, bis es quasi zu Ihrer zweiten Natur wird, und achten Sie darauf, wie die Intimität mit Menschen, die Ihnen am nächsten stehen, wächst.

WANN AM BESTEN

Machen Sie diese Übung, wenn Sie sich emotional mit anderen verbunden fühlen wollen. Achten Sie darauf, wie sich Ihre Fähigkeit, im Hier und Jetzt zu sein, gleichzeitig mit der Intimität zu anderen erhöht.

41 DINGE GEHEN LASSEN

Versuchen Sie diese wunderbare, Achtsamkeits-basierte Übung, die Ihnen dabei hilft, Vergebung zu empfinden. Einen Groll zu hegen ist zerstörerisch und kann uns daran hindern, größere Zufriedenheit im Leben zu empfinden. Wer Fehltritte anderer vergeben kann, ist glücklicher als jemand, der das nicht kann. Nachsichtig zu sein, macht generell glücklicher und gesünder. Vergeben bedeutet nicht, sich mit der Person zu versöhnen, die einem wehgetan hat, wenn man das nicht möchte. Es bedeutet einfach, dass man Frieden mit der Vergangenheit schließt.

1 Wenn Sie bequem sitzen, denken Sie an jemanden, der Ihnen in Ihrem Leben Schmerzen zugefügt hat.

2 Während Sie an diese Person und den Groll, den Sie gegen sie hegen, denken, machen Sie sich bewusst, was Sie fühlen. Fühlen Sie sich wütend oder traurig? Irritiert oder nervös? Seien Sie sich aller körperlichen Empfindungen bewusst – einer Enge in der Brust, Druck in der Kehle oder Zwicken im Bauch. Konzentrieren Sie sich jetzt auf Ihre Gedanken – sind sie rachsüchtig und unerfreulich?

3 Machen Sie sich bewusst, wie sehr Sie diese Wut und diese Ablehnung beeinflussen. Fragen Sie sich, ob Sie die Schmerzen lange genug mit sich herumgetragen haben. Sind Sie bereit dazu, sie loszulassen? Sind Sie bereit dazu, zu vergeben? Manchmal werden Sie diese Frage mit einem lauten „Nein" beantworten, was völlig in Ordnung ist. Vergeben braucht seine Zeit.

4 Wenn Sie sich bereit fühlen, konzentrieren Sie sich auf Ihre Atmung. Sagen Sie beim Einatmen zu sich selbst: „ Ich erkenne den Schmerz an, indem ich einatme." Sagen Sie beim Ausatmen: „Ich atme aus, ich vergebe."

5 Stellen Sie sich vor, Sie halten eine Pusteblume in Händen, die Ihre Schmerzen repräsentiert. Während Sie Vergebung ausatmen, blasen Sie einen der Samen davon. Machen Sie weiter, so lange Sie wollen oder alle Samen weggeblasen sind.

WANN AM BESTEN

Falls Sie dazu neigen, einen Groll gegen jemanden zu hegen, machen Sie diese Übung regelmäßig. Sie können sie am Ende der Woche machen, um jeglichen Ärger, der sich aufgestaut hat, loszulassen.

42 HALLO UND TSCHÜSS

Laut emotionalem Gehirn-Training ist Intimität einer der entscheidenden Belohnungszustände, die uns glücklich machen. Wenn man jedoch eine gewisse Zeit lang mit jemandem zusammengelebt hat, verliert man die Freude an der Gegenwart des anderen leicht aus den Augen. Sich bewusst zu begrüßen und zu verabschieden ist ein guter erster Schritt, um sie zurückzubringen. Versuchen Sie dieses Achtsamkeits-basierte Übergangsritual.

1 Bevor Sie jemandem ein Hallo zurufen, gehen Sie lieber direkt zu Ihrem Partner oder einem anderen geliebten Menschen, sobald Sie nach Hause kommen. Nehmen Sie sich einen Moment Zeit, um Augenkontakt herzustellen und ihn oder sie liebevoll zu begrüßen. Treten Sie auch, wenn Sie das Haus verlassen, miteinander in Kontakt und wünschen Sie einander alles Gute.

2 Versuchen Sie, einander mindestens 20 Sekunden lang bewusst festzuhalten, während der Begrüßung/Verabschiedung. Eine lange Umarmung bewirkt die Ausschüttung des „Liebes-Hormons" Oxytocin im Körper, welches Stress mindert und Wohlsein und Intimität fördert.

3 Konzentrieren Sie sich während der Umarmung auf das Gefühl des Haltens und darauf, gehalten zu werden. Erlauben Sie sich, dank der Wärme und Liebe dieser Umarmung, zu entspannen.

WANN AM BESTEN

Jeden Tag. Ein liebevolles Übergangsritual sollte konstanter Bestandteil Ihrer Partnerschaft und anderer liebevoller Beziehungen sein.

43 AUF DER WELLE REITEN

Jede Irritation und jedes Genervtsein zum Ausdruck zu bringen, erzeugt Negativität in einer Beziehung. Achtsamkeit lehrt uns, dass alle Gefühle temporär sind und mit der Zeit vorübergehen, wie eine Welle, die ihren Höhepunkt erreicht und dann in sich zusammenbricht. Versuchen Sie es mit dieser Visualisierung, um mit Ihren Emotionen fertigzuwerden, ohne andere anzuschnauzen.

1 Wenn sie Gefühle wie Wut oder Irritation bemerken, nehmen sie sich eine kurze Auszeit, und setzen Sie sich in Ruhe mit diesem Gefühl auseinander. Auf unangenehme Gefühle reagieren wir oft, indem wir versuchen, sie nicht zuzulassen. Doch dieser Schritt erlaubt der Emotion, ihren natürlichen Weg zu gehen.

2 Schließen Sie die Augen und stellen Sie sich einen schimmernden, blauen Ozean vor. Stellen Sie sich vor, Ihr Gefühl wäre eine Welle im Ozean Ihrer Gedanken. Passen Sie gut auf, wie die Welle an Höhe und Geschwindigkeit zunimmt, während sie sich der Küste nähert.

3 Sehen Sie, wie die Welle immer höher wird und dann, auf ihrem höchsten Punkt, in sich zusammenbricht, um wieder kleiner und kleiner zu werden und am Ufer zu verebben. Bleiben Sie eine Zeit lang sitzen und atmen Sie ruhig, bevor langsam aufstehen.

WANN AM BESTEN

Machen Sie diese Visualisierung jeden Tag, einige Wochen lang, bis Sie Ihnen so vertraut ist, dass Sie sie in stressigen Situationen abrufen können

44 GROSSZÜGIG SEIN

Es gibt ein magisches Verhältnis von Komplimenten und Kritik in einer Beziehung – es braucht fünf positive Kommentare, um einen negativen aufzuwiegen. Dieses Verhältnis wurde in einer bahnbrechenden Studie zu Paaren und deren Scheidungs-Wahrscheinlichkeit ermittelt. Nutzen Sie diese lustige Visualisierung, um sich daran zu erinnern, Komplimente frei und großzügig in Ihrer Beziehung zu verteilen.

1 Stellen Sie sich vor, Ihre Beziehung wäre ein Sparschwein und jedes Kompliment, das Sie verteilen, geht als Münze in den Schlitz hinein. Eine Investition in Ihr gemeinsames Glück.

2 Ihre Komplimente sollten von Herzen kommen und authentisch sein. Ein wirkungsvolles Kompliment bezieht sich eher auf etwas Spezifisches als auf etwas Allgemeines. „Ich liebe es, wie du in diesem T-Shirt aussiehst" oder „Ich schätze es wirklich sehr, dass du mir morgens den Tee bringst", ist besser als „Du bist wundervoll".

3 Machen Sie der anderen Person dann ein Kompliment, wenn sie es hören kann, und nicht, wenn sie gerade dabei ist, eilig das Haus zu verlassen.

WANN AM BESTEN

Jeden Tag. Komplimente zu machen, stellt den Geist auf Positives ein, weil man immer Ausschau nach Möglichkeiten hält, jemanden zu loben.

4 Machen Sie persönliche Komplimente. Beginnen Sie lieber mit „Ich" als mit „Du", um Ihre Gefühle auszudrücken: „Ich war sehr berührt, als du…"

5 Machen Sie einer Person Komplimente für ihre Handlungen. Sie können Ihrem Partner oder Freund natürlich auch sagen, wie toll er aussieht. Vergessen Sie aber nicht darauf zu achten, was er tut, denn Handlungen sind wichtiger als das Aussehen.

6 Wenn Sie jemandem ein Kompliment machen, seien Sie sich des glücklichen Gefühls bewusst, das es in Ihnen auslöst. Das Selbstbewusstsein des Senders kann kurzzeitig genau so gestärkt werden wie das des Empfängers.

7 Nicht jeder ist gut darin, Komplimente anzunehmen. Machen Sie sich keine Sorgen, falls Ihr Partner oder Ihre Liebste Ihren Kommentar abtut. Er oder sie hat die positive Bestärkung möglicherweise trotzdem erhalten. Vielleicht erreicht sie ihn oder sie später. Außerdem machen Sie ein Kompliment, weil Sie es möchten – und nicht, um eine bestimmte Rückmeldung zu erhalten.

NOCH MEHR!

Machen Sie abends im Geiste eine Liste der Komplimente, die Sie Ihrem Partner oder Ihrer geliebten Person gemacht haben, und fügen Sie noch eines oder zwei hinzu.

POSITIVE BESTÄTIGUNG

Ich suche
jeden Tag
Wege, um
meine
Wertschätzung
auszudrücken

45 TIERTHERAPIE

Tiere helfen uns, im Moment zu leben, und können eine Quelle großer Freude sein. Zeit mit seinem Haustier zu verbringen, kann die Stimmung heben, Stress beseitigen, und sogar den Blutdruck senken, wie Forschungen zeigen. Machen Sie diese einfache, Achtsamkeits-basierte Übung, um die liebevolle Verbindung zwischen Ihnen und Ihrem Haustier zu stärken. Wenn Sie kein eigenes Haustier haben, versuchen Sie, Zeit mit dem eines Freundes zu verbringen.

1 Nehmen Sie sich jeden Tag Zeit für Ihr Haustier. Stellen Sie sich vor, es wäre Ihr erstes Treffen: Achten Sie auf jeden Aspekt seines oder ihres Aussehens. Die Körperform, jede Pfote und Klaue, das Gesicht und die Farbe und Musterung des Fells oder der Federn.

2 Streicheln Sie Ihr Haustier ein paar Minuten lang und achten Sie auf die Wärme und andere Empfindungen, die Sie spüren. Lassen Sie sich auf die Geräusche ein, die Ihr Haustier macht, während Sie die sinnliche Erfahrung machen, mit ihm in Verbindung zu treten. Seien Sie sich des Herzens bewusst, das unter Ihren Fingern schlägt.

3 Denken Sie währenddessen an die bedingungslose Beachtung, die Ihnen Ihr Haustier schenkt, oder die Freude, die es Ihnen beschert. Nehmen Sie sich einen Moment Zeit, um die Wertschätzung für das Vorhandensein dieses Tieres in Ihrem Leben in Ihr Herz zu lassen.

WANN AM BESTEN

Das ist eine gute Übung für jeden Tag. Wenn Sie einen Hund haben, gehen Sie auch achtsam mit ihm um, wenn Sie ihn ausführen. Lassen Sie sich in dieser Zeit auch einmal von Ihrem Hund führen. Genießen Sie die Spontaneität und die Aufregung, mit der er mit der Welt in Verbindung tritt.

46 DINGE RUHEN LASSEN

Hier sind sechs Dinge, die Sie tun oder lassen sollten, um glückliche Beziehungen zu führen. Sie treffen zuallererst auf die Beziehung mit Ihrem Partner zu. Die gleichen Prinzipien gelten aber auch, wenn es darum geht, wie Sie mit anderen geliebten Menschen umgehen.

1 **Lassen Sie einen Streit auch einmal ruhen.** Das widerspricht der gängigen Annahme, dass man nicht im Streit auseinandergehen sollte. In manchen Fällen kann es das Beste sein, sich einzugestehen, dass es ein Problem gibt, und sich vorzunehmen, es zu einem anderen Zeitpunkt zu lösen. Es ist schön, wenn Sie einen Streit einfach beseitigen können, aber aufwühlende Gespräche vor dem Zubettgehen können Sie am Schlafen hindern und Einfluss auf die Laune des nächsten Tages nehmen. Nehmen Sie sich, wenn möglich, Zeit, um die tiefe Verbindung zueinander wertzuschätzen, bevor Sie schlafengehen. Wünschen Sie sich eine gute Nacht und sagen Sie Ihrem Partner, dass Ihre Verbindung wertvoller und grundlegender ist als jeglicher Konflikt.

2 **Seien Sie positiv, wenn Sie kommunizieren.** Versuchen Sie mit einer Art achtsamen Bewusstseins zu sprechen: Vermeiden Sie Übertreibungen, Kritik und Schuldzuweisungen. Konzentrieren Sie sich darauf, zu vermitteln, was Sie brauchen. Achten Sie auch darauf, was die andere Person sagt. Oft hören wir kaum zu – seien Sie also aufmerksam.

WANN AM BESTEN

Behalten Sie diese Prinzipien im Gedächtnis. Versuchen Sie, sich diese Liste jede Woche anzuschauen, um zu überprüfen, ob Sie auch danach leben.

3 **Achten Sie auf die kleinen Dinge.** Kleine freundliche Gesten, wie zum Beispiel dem Partner den Tee ans Bett bringen oder Händchen zu halten, helfen, die Bindung zwischen Paaren zu festigen.

4 **Hören Sie nicht auf, neue Dinge zu versuchen.** Neue, erfreuliche Aktivitäten gemeinsam zu unternehmen, kann das Gefühl der Intimität erhöhen. Gehen Sie in ein neues Restaurant, nehmen Sie gemeinsam Tanzstunden, erkunden Sie eine Stadt, die Sie beide noch nicht kennen, oder buchen Sie Ihren Urlaub einmal ganz woanders.

5 **Blockieren Sie einander nicht.** Ermöglichen Sie es, Dinge als Individuen wie auch als Paar machen zu können.

6 **Vernachlässigen Sie sich nicht gegenseitig.** Seien Sie bereit, auch ein bisschen für Ihre Beziehung zu schuften. Alle Beziehungen brauchen Fürsorge, wie ein Garten, der liebevolle Pflege braucht, um gedeihen zu können.

DARÜBER LACHEN

Lachen festigt die Bindung, die Sie haben. Suchen Sie humorvolle Filme aus, gehen Sie in Comedy-Shows und erzählen Sie einander Witze.

TOP-**FÜNF**-WEGE,
um mit einem geliebten Menschen wieder in Kontakt zu kommen

Schreiben Sie eine Liste mit Gründen, warum Sie einander lieben.

Schaffen Sie Rituale – trinken Sie morgens gemeinsam Kaffee oder decken Sie gemeinsam den Tisch fürs Abendessen.

Vergraben Sie eine Zeitkapsel mit Objekten, die Ihre Beziehung symbolisieren.

Setzen Sie Digitalem Grenzen – keine Handys am Esstisch oder im Schlafzimmer.

Feuern Sie einander an. Unterstützen Sie die Hoffnungen und Träume Ihres geliebten Menschen.

47 DIE REISE GENIESSEN

Eine flexible Einstellung wird oft als Schlüssel dafür gesehen, das Gleichgewicht in einer Beziehung zu steuern und aufrechtzuerhalten. Die kognitive Verhaltenstherapie betont, dass man polarisiertes Denken in akzeptierende Denkmuster umwandeln sollte, um Bindungen zu festigen und persönliche Konflikte zu handhaben.

1 Denken Sie daran, wann Sie und Ihr Partner das letzte Mal eine Auseinandersetzung hatten. Sie wollten wahrscheinlich beide gehört, geliebt und verstanden werden, doch stattdessen endete die Unstimmigkeit darin, dass Sie einander wehgetan haben.

2 Versuchen Sie, sich diesen Streit wieder ins Gedächtnis zu rufen, aber denken Sie diesmal daran, wie sehr Sie diese Person respektieren und lieben und wie wichtig sie Ihnen ist.

3 Überlegen Sie, wie Sie offener, spielerischer und weniger gehässig hätten sein können. Wiederholen Sie Ihre Antworten aus dem Konflikt und finden Sie einen flexibleren Zugang dazu, bis Sie lachen müssen, wenn Sie daran zurückdenken.

4 Wenn Sie das nächste Mal eine Meinungsverschiedenheit mit einem geliebten Menschen haben, versuchen Sie, einen weniger ernsten Standpunkt einzunehmen, um keinen steinigen Weg zu beschreiten.

WANN AM BESTEN

Nehmen Sie sich vor, diese Übung nach jeder Auseinandersetzung mit einer geliebten Person zu machen. Wenn Sie Ihre Antworten umformulieren, werden Sie mit der Zeit sehen, dass Sie humorvoller und flexibler mit persönlichen Differenzen umgehen können.

48 WERTVOLLE ERINNERUNGEN

Legen Sie Wert darauf, gemeinsam mit Ihren Liebsten in Erinnerungen zu schwelgen. Glückliche Momente nochmals zu durchleben, ist, laut Forschungen der Universität von North Carolina, eine Erfahrung, die zusammenschweißt und Ihren Beziehungen zugute kommen kann. Mithilfe dieser Übung, bei der es um achtsames Zuhören geht, können Sie sich auch am Erlebnis einer anderen Person erfreuen.

1 Fragen Sie Ihren Partner, Freund oder Liebsten, was ihm heute Gutes passiert ist.

2 Hören Sie aktiv zu, während der andere spricht: Halten Sie Augenkontakt und achten Sie genau darauf, was er oder sie sagt.

3 Reagieren Sie positiv, indem Sie lächeln und nicken und bestätigende Sätze verwenden, etwa „Wie schön" oder „Das ist interessant – erzähl mir mehr".

4 Stellen Sie „offene Fragen". Das sind Fragen, die nicht mit „ja" oder „nein" beantwortet werden können und die den anderen dazu anregen, seine Gedanken weiter auszuführen. Zum Beispiel: „Wie hast du dich gefühlt, als das passiert ist?"

5 Drücken Sie am Ende des Gesprächs Ihre Freude darüber aus, dass er oder sie dieses Erlebnis mit Ihnen geteilt hat.

WANN AM BESTEN

Das ist eine gute Übung, die man täglich mit dem Partner oder einem Familienmitglied machen kann. Sie können sie, bei Bedarf, auch mit einem Kollegen, Freund oder Bekannten machen. Konzentrieren Sie sich lieber auf das Erlebnis des anderen, anstatt Ihre eigenen Geschichten zu präsentieren.

49 FREUNDSCHAFTEN PFLEGEN

Wenn Sie Freude verbreiten wollen, pflegen Sie positive Freundschaften. Es sind immer mehr Beweise vorhanden, die zeigen, wie wichtig soziale Bindungen dafür sind, dass man glücklich und gesund ist. Das gilt sowohl für Sie selbst als auch für Ihre Freunde. Hier sind drei Möglichkeiten, wie Sie Freundschaft zur Priorität machen können.

1 Notieren Sie sich eine „soziale Stunde" in Ihrem Terminkalender: eine Stunde, in der Sie Menschen, die Sie gerne sehen möchten, anrufen oder ihnen eine E-Mail schreiben, um sich Treffen auszumachen oder einfach zu plaudern.

2 Wenn sich Ihre Freunde untereinander nicht kennen, stellen Sie sie einander vor und lernen Sie wiederum deren Freunde kennen. Es ist einfacher, sich in einer Gruppe zu treffen als mit jedem einzeln, da mehrere Leute Vorschläge machen und an der Organisation beteiligt sind.

3 Verbinden Sie das Kontakteknüpfen mit etwas, das Sie interessiert. Handwerksgruppen und Buchklubs sind eine tolle Möglichkeit, in Gesellschaft zu sein, während man sich seinem liebsten Hobby widmet. Sie könnten eine Handwerksgruppe oder Ähnliches in einem Café in Ihrer Nähe ins Leben rufen.

WANN AM BESTEN

Sie haben vielleicht nicht jeden Tag Zeit für eine „soziale Stunde". Notieren Sie sie trotzdem jede Woche in Ihrem Terminkalender. Planen Sie, Freunde so oft zu sehen, wie Sie können. Freundschaft sollte ein integraler Bestandteil Ihres Lebens sein und nicht nur eine Option.

50 DEN REGENBOGEN FINDEN

Die intensiven Gefühle und die Aufregung zu Beginn einer romantischen Beziehung lassen natürlich mit der Zeit nach. Es ist allerdings wichtig, ein gewisses Maß an Spontaneität und Fröhlichkeit aufrechtzuerhalten. Probieren Sie diese lebhafte Visualisierung aus, um mit dem Positiven in Ihrer Beziehung in Kontakt zu kommen.

WANN AM BESTEN

Diese Meditation können Sie gelegentlich machen, wenn Sie in einer Routine feststecken. Überlegen Sie sich eine schöne Überraschung für Ihren Partner – ein kleines Geschenk oder eine Äußerung, die ihm oder ihr gefallen könnte.

1 Setzen Sie sich bequem hin und schließen Sie die Augen. Atmen Sie ein paar Minuten achtsam ein und aus, nehmen Sie wahr, wie Sie sich gerade fühlen, und erlauben Sie Ihrem Körper, sich Stück für Stück zu entspannen. Stellen Sie sich dann einen Himmel voller Wolken und Regen vor.

2 Stellen Sie sich vor, dass ein wunderschöner Regenbogen zwischen den Wolken erscheint. Genießen Sie es, den schimmernden Farbbogen zu betrachten, und holen Sie ihn näher zu sich, bis Sie von seinen Farben und seinem Licht umgeben sind.

3 Machen Sie das, so lange es sich für Sie richtig anfühlt, und lassen Sie das Bild dann in aller Ruhe gehen. Kommen Sie zurück ins Hier und Jetzt und denken Sie an die Schönheit und Farbe, die in den Beziehungen mit Ihren Liebsten vorhanden ist.

Versuchen Sie's: Malen Sie diese Ballons mit Regenbogenfarben an.

Ich finde jeden Tag Wege, um glücklich zu sein

DANKSAGUNG

Bildnachweis 2–3 (und seitliche Gestaltung im gesamten Buch) Oksancia/Shutterstock 6 ittipon Munmoh/Shutterstock 9 CHOATphotographer/Shutterstock 11 niki_spasov/Shutterstock 12–13 mcherevan/Shutterstock 15 Oksana Shufrych/Shutterstock 16 Vaclav Volrab/Shutterstock 18 Julia Sudnitskaya/Shutterstock 20–21 Nila Newsom/Shutterstock 22 Antonova Anna/Shutterstock 25 Byjeng/ Shutterstock 26 Suzanne Tucker/Shutterstock 28 mcherevan/Shutterstock 30 Sherrod Photography/ Shutterstock 32 Baleika Tamara/Shutterstock 34 Anna Levan/Shutterstock 37 Nattapol Sritongcom/ Shutterstock 38–39 il67/Shutterstock 40–41 antalogiya/Shutterstock 43 Business stock/Shutterstock 44 Repina Valeriya/Shutterstock 46 Passakorn sakulphan/Shutterstock 49 antalogiya/Shutterstock 50 Bachkova Natalia/Shutterstock 52 Subbotina Anna/Shutterstock 54–55 Suzanne Tucker/Shutterstock 56 Halfpoint/Shutterstock 58 BrAt82/Shutterstock 60 antalogiya/Shutterstock 62 Dariush M/Shutterstock 64 tomertu/Shutterstock 67 Snezh/Shutterstock 68–69 Maria_Galybina/Shutterstock 71 THPStock/ Shutterstock 72 roberto scaroni/Shutterstock 74 aquatti/Shutterstock 76 Dalibor Valek/Shutterstock 78 Liliya Linnik/Shutterstock 80 tratong/Shutterstock 82 Victor Lauer/Shutterstock 85 Tortoon Thodsapol/ Shutterstock 86 ampcool/Shutterstock 88–89 Konstanttin/Shutterstock 90 Tupungato/Shutterstock 92 BrAt82/Shutterstock 95 Maria_Galybina/Shutterstock 96 TZIDO SUN/Shutterstock 98 Creative Travel Projects/Shutterstock 100 Annette Shaff/Shutterstock 102–103 OlichO/Shutterstock 104–105 antalogiya/Shutterstock 107 PongMoji/Shutterstock 108 natalia bulatova/Shutterstock 110 aimy27feb/ Shutterstock 112 takasu/Shutterstock 115 antalogiya/Shutterstock 116–117 hofhauser/Shutterstock 118 Pavinee Chareonpanich/Shutterstock 120 Vasilyev Alexandr/Shutterstock 122 Jamen Percy/Shutterstock 124 sliplee/Shutterstock 126–127 Maria_Galybina/Shutterstock 129 zixian/Shutterstock 130 Mckyartstudio/Shutterstock 132 Daniel Gale/Shutterstock 134 MorganStudio/Shutterstock 136 Geoff Hardy/Shutterstock 138 Melpomene/Shutterstock 141 Maria_Galybina/Shutterstock 142 Annette Shaff/ Shutterstock 144 Kletr/Shutterstock 147 iravgustin/Shutterstock 148–149 Photo Boutique/Shutterstock 150 Dudarev Mikhail/Shutterstock 152 Sunny studio/Shutterstock 154 MJ Prototype/Shutterstock 157 Lolla Lenn/Shutterstock 158–159 Lisla/Shutterstock

Cover: © iStockphoto.com/lila-love

Der Richtigkeit und Vollständigkeit der Informationen in diesem Buch wurde größte Sorgfalt gewidmet. Sollte unabsichtlicherweise dennoch ein Urheber nicht angegeben sein, werden wir dies nach Kenntnisnahme in der nächsten Ausgabe berichtigen.